O Passado Não Cola Mais em Mim

Um Grito de Cura

Clarisse Torrens Borges **Dall'Acqua**

OLHAR
de clarisse

O Passado Não Cola Mais em Mim

Um Grito de Cura

Clarisse Torrens Borges Dall'Acqua

CASA DO
ESCRITOR
Rio de Janeiro - RJ
2021

O Passado Não Cola Mais em Mim
Um Grito de Cura
de Clarisse Torrens Borges Dall'Acqua

Revisão
Virginia Maria Fontes Gonçalves Chaitin
Marília Borges

Editor
Eldes Saullo

Projeto Gráfico e Editorial
Marília Borges
Casa do Escritor

Dados Internacionais de Catalogação na Publicação (CIP)

Dall'Acqua, Clarisse Torrens Borges

D144p O passado não cola mais em mim / Clarisse Torrens Borges Dall'Acqua, Ed. 1 – Rio de Janeiro - RJ: Publicação Independente / Casa do Escritor, 2021.

ISBN 979-8516844362

1. Adultos vítimas de maus-tratos na infância 2. Abuso Infantil I. Título

CDD: 248.86

Para meus queridos tios,
por uma questão de justiça.

Sumário

Agradecimentos

Muitos são os amigos citados ao longo desse livro, todos amigos irmãos, que viveram comigo muitas das situações aqui descritas, no tempo ampliado da história. Todos e cada um se reconhecerão em um ou mais dos momentos relatados. Não há porque nominá-los, só o profundo agradecimento por fazerem parte da minha história. Eu os tenho todos aqui comigo.

Há outros, no entanto, que transpassaram comigo cada uma das dores revividas, ouviram de perto meu grito de cura. Doeu intensamente em todos nós. No curto tempo desde o último outono até a já iniciada primavera, permaneceram ao meu lado, vivendo esses processos de forma visceral.

Na amiga cabra, Virginia Chaitin, reconheço a alma gêmea que acolheu e compreendeu todos os meus anseios, nos seus meandros e pormenores. Só ela para encarar esse desafio de cabra montanhesa e vivê-lo tão intensamente ao meu lado.

Na astróloga, psicoterapeuta e médica, Lygia Franklin, reconheço o chamado para a espiritualidade, numa relação pessoal com o sagrado ou "o grande mistério". Ela foi capaz de decifrar minha alma tatuada no céu, e ainda vislumbrar o tal mar de possibilidades ainda não vividas. Eu as quero todas.

Na astróloga e cineasta, Ekatala Keller, reconheço a necessidade da dor em preto e branco, nua e crua, com a regressão àquele exato momento da virada de chave, quando minha mentalidade e comportamentos foram alterados.

Na psicoterapeuta e coach, Berenice Kuenerz, reconheço o valor do dedicado processo terapêutico, com sessões contínuas e workshops que nos convidam sempre a refletir de forma tão profunda e transformadora.

Na especialista em *branding* e conteúdo digital, minha querida irmã Marília Borges, reconheço o apoio incondicional a todo esse processo vivido. Nada teria sequer iniciado se eu não a tivesse ao meu lado, disponível e entregue ao desvendar dessa ancestralidade e herança familiar, que não mais podem ecoar com a força do que é desconhecido. Com ela sigo na proposta de construção do "Olhar de Clarisse".

Meu por vir jamais dará conta de agradecer a presença de cada um de vocês ao meu lado ao longo desse ano.

Apresentação

Era um ensolarado e fresco dia de primavera em Paquetá. Minha família estava isolada em nossa pequena casa de final de semana por conta da pandemia. Eu, ocupada com os afazeres da casa e, ao mesmo tempo, conversando com minha querida amiga de longa data, de longa vida, de longas e profundas conversas desde sempre. Entre um e outro assunto, ela me pergunta se eu toparia iniciar uma correspondência, algo como "conversas de adolescentes", em que ela me enviaria curtos textos por e-mail e eu então reagiria quando pudesse e como quisesse. Minha amiga muito querida, Capricorniana como eu, havia passado por uma sequência de anos muito densos em acontecimentos para lá de marcantes e teve que tomar decisões importantes e difíceis. Ela falava de seu desejo de "fechar um ciclo", precisava colocar para fora todos os sentimentos acumulados durante esses anos tão desafiadores, sentimentos que, no calor dos acontecimentos, ela precisou refrear para poder continuar tomando decisões rápida e eficientemente. Eu sou cabra montanhesa, como ela. Sei como é. Claro que aceitei a proposta, claro que senti e acolhi toda a emoção que vinha naquela iniciativa. Mal sabia eu que o vulcão de sentimentos represados era muito mais gigante e avassalador do que eu jamais poderia imaginar.

Clarisse não tardou em iniciar sua escrita. Ela estava a todo vapor nesse processo de busca, pelo anseio em desvendar seus caminhos de vida já percorridos, algo como passar suas vivências a limpo, para seguir adiante sem lhe faltar nada e sem dever nada a seu passado. Ferreira Goulart dizia que "o tempo é a distância entre os fatos", e a vida de Clarisse nos últimos anos passou muito veloz, como uma enxurrada densa de acontecimentos, como se sua vida estivesse com muita pressa. Agora, havia uma outra urgência, não mais de fatos e acontecimentos, mas para absorver e apreender emocionalmente essa enxurrada, descobrir nela um sentido íntimo, pessoal, existencial, um sentido de caminho de alma com passado, presente e futuro. Fui internalizando os matizes dessa urgência aos poucos, à medida em que eu ia recebendo mais e mais conversas. Entre as percepções do que eu lia e as reações que eu enviava por escrito, chegou o momento em que percebi que seria importante convidar mais pessoas para essas "conversas". Compreendi que o processo pelo qual estava passando minha muito querida e especial amiga Clarissinha era bem mais complexo do que eu imaginei inicialmente; tratava-se de uma ousada e muito desejada busca de cura.

Sintonizada e concentrada nas revelações jamais imaginadas de sua infância, me veio com clareza a necessidade de um abrangente processo terapêutico que permitisse à minha amiga cabra montanhesa de muitos saltos e riscos objetivamente calculados, ressignificar, renovar e atualizar os sentidos e percepções de toda a sua escalada, de toda sua história de vida, literalmente "fechando o ciclo", como ela sempre me dizia. Entre outras formações, Clarisse também é arquiteta, então disse a ela que este exercício seria como tomar uma cena e redesenhá-la empregando uma outra perspectiva, um outro ponto de fuga, mas sem excluir nem esquecer nada. Contudo, mais do que o conhecimento de régua e compasso no plano bidimensional, sugeri o aporte de saberes milenares que percebem o ser em infinitas dimensões, para assim conceber um vigoroso redesenho vivo de sua história, em fluxo, e que nunca se completa porque sempre se renova.

E assim, mais uma vez Clarisse sai da zona de conforto, só que desta vez a motivação da busca não é estudo, não é carreira, não é maternidade; desta vez a Clarisse sai em busca dela mesma, segue uma deleuziana linha de fuga e se desterritorializa, transgride e avança no sutil e atravessado devir de si mesma. Escreve com uma coragem desmedida que somente a obstinada generosidade sustenta, porque o processo de cura e libertação que este livro descreve, não é somente da autora, é para todos nós, os seus leitores. Ela quer que seja assim, este é o seu desejo singelamente declarado e notavelmente atingido.

O minucioso detalhamento de vivências e sensações, a brutal honestidade de sua fala, as idas e vindas no tempo revelando as camadas de memória e a crescente apropriação de seu passado e de si mesma, efetivamente cumprem o desejo da autora de este ser um livro para todos nós porque ele é sobre todos nós. Como? Na medida em que nos envolve integralmente, vivemos em sua leitura tudo o que ele descreve, e assim este livro nos convida a também experimentarmos um olhar em perspectiva, a navegarmos por nossa própria história através de uma temporalidade ampliada, a nos arriscarmos numa busca dedicada de nós mesmos e dos que nos cercam.

Acrescento que o relato desse percurso não poderia ser mais contemporâneo, não poderia refletir mais o clamor de nossos dias, por mostrar que toda dor pessoal é também coletiva, por trazer nitidez e transparência, por nos alertar para os caminhos de manifestação da falta de amor e cuidado, por ser conduzido pela sensibilidade do feminino e, finalmente, pela inteireza da percepção da vida para além do estrato da materialidade densa.

Assim, todos recebemos de Clarisse um belíssimo e precioso presente, este livro, uma espécie de "diário de bordo" de uma alma reflexiva e sincera, traçando sua busca por viver em liberdade, transmutando culpas e medos em alegria e muita disposição para se lançar com todo o seu brilho e inteireza no múltiplo e infinito traçado de seu próprio por vir.

Virginia Maria Fontes Gonçalves Chaitin

Epistemóloga, pesquisadora independente, propõe um deslocamento da autoimagem do ser humano visto como portador de genes egoístas para o de protagonista do processo criativo de evolução da vida.

Prefácio

Coragem. Talvez seja essa a palavra mais certa para definir *O passado não cola mais em mim*. É a palavra que se infiltra no texto como tema único, privilegiado e emocionante. O ser lírico, infinitamente feminino e convenientemente afinado, traça sua jornada numa dialética de aproximação com seu eu mais profundo. "O ser se diz de várias maneiras...", dizia Aristóteles em sua forma de alcançar a verdade.

Clarisse traz a maturidade de quem se contempla sem máscaras convencionais, um mergulho em si mesma sem inversões, espelhos ou idealizações. Ela se apresenta nua, portando apenas a sua verdade, seus estranhamentos e suas descobertas. Com palavras adequadas, deixa véus, ambiguidades e incoerências da vida para trás e se mostra múltipla. Mostra-se criança, jovem e madura. Mulher, mãe, filha, amante. Mostra dores, amores, alegrias e descobertas que se multiplicam cabalisticamente no número sete.

No seu processo de descobrimento reconheceu a bela mulher que é, a profissional competente, a forma magistral de administrar dores e perdas da vida, a bailar e voar e, corajosamente, nascer para uma desejada maternidade.

Clarisse assinala passagens significativas de sua história, tentando – e conseguindo – um diálogo explícito consigo mesma. Não há fragmentação em sua escrita. As nuances de seu texto são a agnição de suas experiências onde não há esforço de apagar histórias, mas sim reconstruir o passado, dessacralizando mitos e conduzindo essa arquitetura com a calma e a sabedoria de quem entende a vida como algo que flui.

Do embate que trava consigo mesma, surge uma escrita humana e veraz, onde a autora constrói delicadezas, caminha nas águas de seus entendimentos e toma as rédeas de sua história.

A crítica literária e cultural argentina, Beatriz Sarlo, em seu livro Tempo Passado (Cultura da memória e guinada subjetiva) afirma que "a linguagem liberta o aspecto mudo da experiência, redime-a de seu imediatismo ou de seu esquecimento e a transforma no comunicável, isto é, no comum."

Nesse fazer prazeroso e solitário que é a escrita, Clarisse deu voz às suas exigências mais urgentes, deu eco à sua voz interior, contabilizou aprendizados e nos brindou com esse corajoso e pungente relato. *O passado não cola mais em mim* é mais que um livro. É, como a própria autora afirma, um processo de cicatrização.

Ana Maria Lopes

*Jornalista, escritora e fundadora
do Coletivo Editorial Maria Cobogó*

Introdução

Caminhar com o olhar no horizonte é de fato uma condição necessária para se desvendar o novo, aquele conjunto de possibilidades ainda não realizadas; porém, não se mostra suficiente para transformar o caminho em cura e libertação. Os fatores promotores dessa mudança emergem de um processo de limpeza interior, tirar o que não presta e sedimentar, por meio de uma vivência espiritual profunda, para vencer débitos e viver a liberdade de ser. Esse é o fio condutor desse livro, um grito de cura.

"Há um chamado celestial frente a uma nova era que se inicia. Muitos atenderam ao chamado e construíram para si uma agenda da alma, vivenciando processos internos de desenvolvimento da consciência e de estruturação emocional, incorporados de forma visceral, para experimentar a autovalorização e ampliar a sensação de valor constituído, ativando processos de transformação e cura", tal como dito por Lygia Franklin.

Julgo ser um deles! Atendi ao chamado e construí uma agenda que me permitiu me reconhecer, me auto desvendar e contar (e recontar!) a minha própria história de 7 em 7 anos, um verdadeiro caminho de cura. Desejo o mesmo a você, leitor, e por esse motivo compartilho a minha própria experiência! Esta é a razão de ser deste livro, cujo objetivo central é uma chamada de atenção, tal qual um alerta piscando de forma incessante, que nos chama para uma olhar em perspectiva, em profundidade, mais cuidadoso para a sua própria história e, em especial, para as crianças.

Sofri um abuso na infância que me marcou profundamente, para muito mais do que pude supor. E somente agora, após os 50 anos de idade, é que consigo livrar-me do que não presta e verdadeiramente gritar ao mundo que o passado não cola mais em mim! Fui capaz de reconhecer que tais feridas e sofrimentos nasceram de uma falta de amor; e, agora percebo que minha vida tem em si um sentido, a busca da inteireza da alma, depois de partida.

Aquela proteção que me faltou na infância não foi abandono; mas, o abuso cometido gerou dores e ditou comportamentos, e seu maior dano foram as camadas de culpas – inevitável sentimento reativo, não autêntico, não merecido, desnecessário. "A culpa como uma defesa contra uma angústia mais profunda que reflete uma ausência de permissão de sermos nós mesmos", segundo afirma James Hollis. E ainda complementa, "ser bloqueado pela culpa significa estar preso na infância. Quando nos tornamos conscientes da origem daquele sentimento desagradável, essa prisão deixa de ser inconsciente e passa a ser inaceitável".

É pelo transpassar das dores que são reconhecidas as feridas e vivenciados os processos de cicatrização. O tempo agiu em mim, desvendando o DNA da minha alma tatuada no céu e me apresentando a inteireza. Quero os aprendizados e assim mudar meu padrão de resposta e caminhar reafirmando a utopia por um novo mundo. Minha revolução fala de conteúdos do baú da alma, na busca por novas posturas, uma transformação profunda e criativa pela força da comunicação escrita.

Que venha a transformação, que venha a cura! Venha você comigo! Mergulhe nessa minha experiência, nesse processo de cura e de transformação, que de individual não tem muita coisa. Afinal, não foi só comigo, não é singular e nem é individual e, embora pessoal, que possa ser seu também e, assim, acessível a todos aqueles seres divididos; e, mais do que tudo, eficaz, efetivo e pleno na sua intenção e no seu resultado.

Pretendo contribuir e talvez incomodar, tal qual um sinal de alerta piscando de forma incessante. Cuide de si e sempre do outro, em especial das crianças, hoje adultos que cruzam conosco nas ruas, nas calçadas, no metrô ou no elevador.

O olhar em perspectiva

Quero meu olhar em perspectiva, ligar os pontos e reunir as pontas, desfazer os nós e tecer novas tramas, especialmente nas áreas cinzas ou mais escuras. E, dessa forma, saltar para fora do que me é familiar, desconstruir e ressignificar. Quero os aprendizados! Com esse olhar em perspectiva busco identificar fatos do passado que geraram dores e reconhecer meus comportamentos, nem sempre percebidos como reativos. Desejo fazer um balanço geral, um levantamento de perdas e ganhos e dar novos significados a fatos do passado não explorados. Catapultar-me!

Não procuro os porquês! Não me levarão a lugar algum, apenas reforçarão culpas assumidas, não merecidas e desnecessárias. Esses porquês não me trarão nada de novo, pois hoje sou capaz de reconhecer suas raízes, e elas não estão em mim mesma ou na família que criei, mas tem origem na família em que nasci. Há uma herança familiar e uma ancestralidade a serem reconhecidas, que não podem mais ecoar com a força do que é desconhecido. Os porquês me levarão sempre de volta ao passado e só serão capazes de me acorrentar por lá, não os quero.

Procuro os para quês, sim! Os para quês me levam para o futuro, por me fazerem entender o movimento seguinte, o da sequência dos fatos. Quero visitar o passado para entender para que me serviram essas dores, que mudanças provocaram em mim, e assim tecer as tramas do caminho que me trouxeram até aqui. Na verdade, quero menos entender e mais sentir, deixar fluir e valorizar as emoções.

Há um fato na minha infância que me marcou profundamente e que, por muitos anos, na verdade décadas, ficou completamente esquecido nas gavetas mais profundas da minha alma. É nos subterrâneos da memória que parecem estar as nossas lembranças mais doídas, as mais nebulosas, e que comumente nos convidam a varrê-las para debaixo do tapete. No entanto, foi esse fato esquecido no fundo do poço da alma que ditou meus comportamentos mais recorrentes e sempre frustrantes, aqueles que à frente dos outros tudo demonstram, porque claramente nos denunciam e nos mostram encobertos, como seres divididos. Basta, quero a inteireza! Lembrar, aprender e reintegrar-me!

Aprendi com a impermanência, não sem antes revivê-la várias vezes em um curto período da minha vida. Tudo muda o tempo todo, quer tenhamos consciência ou não. A falta de controle sobre o fluxo natural das coisas é antes de tudo atributo essencial da vida, que reina absoluta. Difícil é encará-la simplesmente como oportunidade de transformação positiva em nossas vidas. São muitas as dores a superar, formam um conjunto de emoções negativas onde reunimos os nossos medos mais genuínos, os temores, as culpas, as vergonhas, os abismos, os pântanos e as dores mais secretas. Foi preciso dar saltos entre pedras para caminhar adiante, prosseguir.

E, pra que mesmo tudo isso agora? Para me revelar por completo, não mais aos pedaços, como os tais seres divididos, e acima de tudo curar feridas, cicatrizar! Já cumpri com mais da metade da minha vida e vivi momentos de conquistas pessoais e outros de angústia e solidão. Foram difíceis as escolhas e tomadas de decisão até aqui, e inevitáveis suas perdas e ganhos.

E como mesmo pretendo fazer isso? Ao buscar memórias do passado quero identificar o que não me permiti viver e o que quer que eu tenha deixado pelo caminho, quero revivê-lo para que lá fique, ressignificado e agora sedimentado, não mais capaz de fazer poeira. Como fazê-lo? Pelo transpassar das dores, por meio das emoções não exploradas ou pouco percebidas ou ainda não permitidas. Fechar por completo o ciclo, para deixá-los ir e pelo por vir!

A reclusão me foi necessária, uma oportunidade nascida nesse atual momento tão penoso ao mundo. Parece que é sempre no silêncio que nos permitimos gritar ao mundo o que queremos. Reconheço alguns dos gritos já dados por mim, genuínos e poderosos, gritam à vida o que se quer dela. E, no meu caso, com uma tal certeza insana de que lá chegaremos.

O medo não me paralisou, mas ditou comportamentos! E minha opção é prosseguir, mudar o padrão de resposta e caminhar, caminhar! Afinal, é pra isso que serve a utopia, quero reimaginar o mundo!

De sete em sete, conto minha história

Sou filha do Tempo e sinto que ele está agindo em mim, me fez viajar no passado, visitando lugares que me assustam, me ajudou a desfazer algumas sombras do passado ainda não reconhecidas e a me auto desvendar. Tenho hoje um novo olhar sobre mim mesma, busco novas atitudes sobre o por vir, e me reconheço de sete em sete. Sim, assim mesmo! A cada sete anos foram novos fatos que geraram conquistas e dores, novas escolhas feitas assumindo suas perdas e ganhos, e alguns caminhos percorridos.

Na sala de TV de nosso apartamento, assistia estarrecida à chegada do homem à lua! Tenho clara na memória a imagem de eu estar sentada no chão em frente da pequena TV preto e branco que tínhamos em casa, aos cinco anos de idade, com as primeiras imagens que estavam sendo transmitidas ao mundo. Toda a minha infância foi em Brasília, sou filha caçula de um pioneiro que ajudou a construir a cidade, nasci poucos anos depois da sua fundação, e tive a oportunidade de crescer vendo o imenso chão de terra vermelha transformar-se em grandes áreas verdes urbanas. Aliás, não custa lembrar, graças aos "graminhas", agentes do DPJ (Departamento de Parques e Jardins) que tiravam a bola da nossa mão, nos impedindo de jogar queimada enquanto a grama não pegava.

Aos sete anos, quantas vezes chegava em casa no fim da tarde com minha mãe a me perguntar o que eram aquelas marcas roxas nos joelhos ou cotovelos, talvez das batidas de bola ou ralados na calçada que nunca nos impediram de brincar! Ou ainda das muitas voltas na quadra apostando corrida na bicicleta ou na única mobilete que lá havia. Quantas vezes, depois do banho, me via no chão em frente à TV, sentada entre as pernas da mamãe e tendo ela sobre mim a desembaraçar meus cabelos, que de tão finos faziam emaranhados enormes que ela chamava de ninhos de rato! Eu não era capaz de passar um pente no cabelo porque machucava, doía, com fios tão finos. E na adolescência minha opção foi pelo cabelo preso, com rabo de cavalo, sem trato. Tive uma infância plena de possibilidades, especialmente em se morando em uma cidade que estava por vir, crescendo junto com você. São muitos os amigos de infância que ainda hoje são reconhecidos como amigos irmãos, tendo por base uma grande família estendida.

Aos 14 anos, talvez com uma atitude comum a alguns, minha adolescência não foi isenta de sentimentos de medo, muito pelo contrário, foi sempre repleta de culpas, cheia de vergonhas, onde sempre me via preocupada em agradar a todos, querendo evitar o julgamento dos outros, ou qualquer enfrentamento. Na verdade, evitava mostrar-me diferente, tentando me misturar ao grupo, juntar-me aos demais e não me exibir. Não me permitia sorrir muito! Aliás, nada em demasia eu me permitia, sempre me vigiava, à espreita de mim mesma, escondendo-me dos outros, me expondo o mínimo possível. Passei por fases, algumas com mais amigos e outras em pequenos grupos ou, ainda, quando me isolava por completo, contando nos dedos da mão os amigos com quem me relacionava. Segui nessa toada, sem entender os motivos que me levaram a agir assim; mas, por sorte, mantive meu foco nos estudos, o que definitivamente me ajudou.

Aos 21 anos, concluída a graduação na universidade, deixei a cidade natal para mudar-me para São Paulo. Foi claramente um difícil começo, o avesso de tudo que conhecia, enfrentando o ônibus na ida e vinda do trabalho, ao mesmo tempo em que a Av. Nove de Julho construía o seu primeiro corredor de trólebus. Nos primeiros anos, morei na casa de meus tios (por parte de pai), sentindo-me sempre muito acolhida por eles. No meu primeiro emprego, tive a oportunidade de ser a mais nova, na verdade, uma recém-formada em uma turma de seniores, o que me trouxe bons desafios e grandes aprendizados, mas de novo poucos amigos. Minha amiga mais próxima tinha doze anos a mais do que eu e estava grávida do terceiro filho.

Aos 28 anos, em um final de tarde bem paulistano batendo perna no shopping, encontrei o meu amor, exatamente no cruzamento da Avenida Cidade Jardim com a Faria Lima. Na verdade, um príncipe salvador que me trouxe, para além da régua e compasso, o salto alto e o batom, nunca antes admitidos! Me revelou para a dança, para o bolero e para os encantos de um amor apaixonado e único. Companheiro de todos os momentos, andávamos sempre de mãos dadas, e foi com ele que aprendi a dividir minhas angústias e desejos. Fui sendo desbravada aos poucos, e muito antes de dizer que o amava, pedi a ele que não desistisse de mim! Fui verdadeiramente muito amada e o amei profundamente.

Aos 35 anos, quando me foi revelado o meu próprio segredo, encontrei o prazer e o êxtase, permitindo-me quebrar outras barreiras que eu mesma havia construído ao meu redor. Senti-me livre como nunca, depois de gritar à vida que eu me permitisse essa e tantas outras aventuras, como voar de ultraleve, praticar *snorkel* e outras loucuras. Percebi o quão é importante gritar à vida os nossos desejos, aprendi que um grito pode ser uma cura! Meu marido comprovou isso, pois sempre disse que "pediu por mim", sim, assim mesmo! Tenho ainda a fita cassete por ele gravada anos antes de me conhecer, me descrevendo por completo, aos detalhes, na emoção de me alcançar. Por 14 anos vivi intensamente esse amor, sem filhos, só eu e ele e sempre com muito encantamento.

Aos 42 anos, consegui concluir o projeto da maternidade, que na verdade iniciou dez anos antes com a prematuridade extrema da minha filha, nascida com 29 semanas, e que veio a falecer depois de poucos dias de vida. Assim, a maternidade só chegou pra valer na quinta gravidez, que me deu um filho também prematuro de 34 semanas, mas dessa vez bastante saudável. Sendo considerada uma gravidez de risco, tanto pelas perdas anteriores como pela minha idade, permaneci em casa, recolhida, da cama para o sofá e do sofá para a mesa, tendo à minha frente, um prato a cada quatro horas, incluindo caldo de galinha e frutas selecionadas. E aí, parece inevitável, um filho transforma nossas vidas, inverte prioridades, nos rouba do outro, exige total empenho e dedicação, mas ao mesmo tempo nos empodera. Por muitos anos e em muitos momentos tive o pressentimento da perda antecipada do meu marido, nunca mais sentida depois da maternidade.

Aos 49 anos, pouco depois que meu filho completou 7 anos, eu o perdi, meu eterno amor, no ano em que completaríamos 21 anos de casados. Foram grandes alegrias e muitos bons momentos vividos juntos. No entanto, outros lutos sucessivos vieram, quatro outras perdas em um curto período. Meu sogro faleceu aos 100 anos, quinze dias depois do falecimento de meu marido, e minha sogra foi um ano depois. E no ano seguinte, perdi minha mãe e meu irmão, tão queridos. Anos difíceis, quando a tal impermanência foi definitivamente percebida e reconhecida, onde perdi por completo o meu chão e quando tudo se desfez quase que literalmente; para mais tarde, tomar a difícil decisão de deixar o país para morar no exterior.

Aos 56 anos, chegou o ano da pandemia, o ano do imposto isolamento social e da minha bem-vinda reclusão comigo mesma; aliás, oportunamente iniciada com um programa de meditação ao longo de 21 dias sugerido por uma amiga. Sim, o Tempo mostrou-se mais uma vez amigo, e pude viver esse ano tão atípico de forma única. Senti a necessidade de rever as tais coisas que havia deixado pelo caminho, queria escrever, compartilhar, e encorajada por uma amiga cabra me propus ao necessário desvendar do DNA da alma, com a primeira vez em que fiz a leitura do meu mapa astral. "Como esses saberes não científicos conseguem identificar nossas questões com tanta precisão!". Me revelaram de uma forma intensa, absoluta e plena, onde me enxerguei por completo, de fio a pavio. Isso me permitiu reconhecer importantes outros tantos propósitos de vida, planejando o por vir; mas, não sem antes passar por alguns expurgos, por vezes mais intensos do que o desejado, mas talvez necessários. Iniciei assim o meu processo de cura, que agora busco compartilhar.

Mas, por que mesmo mostrar tudo isso na forma de livro? Por que não apenas páginas soltas no fundo da gaveta? Por que falar sobre isso agora, 50 anos depois? Há bons motivos para isso acontecer: preciso falar, não dá mais para me calar; outros da família tiveram suas vidas destruídas e nunca contaram; e, mais do que tudo, acredito no ser humano e na sua capacidade de transformação, portanto, muitos irão se beneficiar do meu processo de cura.

A minha e a sua luz precisam brilhar, livres e fortes! Está tudo dentro de nós, basta tirar da frente o que não presta, aquelas pesadas camadas de culpas, que tal como parasitas nos consomem por dentro e ofuscam os holofotes da alma.

"A pedra é pedra e se mostra pedra. Nós, seres humanos, somos os únicos a querer mostrar o que não somos, queremos mostrar-nos minhoca quando somos palmeiras!".

As Dores

Clarisse Torrens Borges Dall'Acqua

O Príncipe Salvador

A dança é um jeito gostoso de namorar

Meu marido fez parte de muitos desses momentos da vida que não esquecerei, me transformou de início ao fim, em 21 anos de convivência, amor e cumplicidade! Ele sabia me compreender antes mesmo de eu me entender como gente. Ele curou feridas profundas em mim e me fez florescer de modo extremamente transformador e ouso até dizer inimaginável para muitos que conviviam comigo. Meu marido me ensinou a me amar, me fez sorrir, me fez ser eu mesma, me fez inteira. Ele me permitiu e eu me entreguei, custei um pouco, é bem verdade, queixou-se algumas vezes, mas soube fazer a sua parte e eu soube corresponder às suas expectativas!

Quando tinha 23 anos, recém formada, já morando em São Paulo, fiz minha segunda viagem ao Pará, para mais uma vez reconhecer potenciais impactos de grandes obras naquela região. Visitei a cidade de Altamira, ainda um pequeno centro urbano em 1987, com um aglomerado de assentamentos informais à beira do Rio Xingu. Estava com o grupo de especialistas do escritório de São Paulo e logo após um dia longo de viagem de carro pelas estradas de terra daquela região, percorrendo áreas de florestas e cruzando igarapés, nos reunimos em um local de nome Restaurante Beira Rio, na verdade, nada mais do que uma palafita sobre o rio. E foi nessa noite que o conheci, meu marido, também empregado pela mesma empresa, que naquele momento estava visitando a região e envolvido com outros projetos. Ele se apaixonou por mim logo de cara, tipo amor à primeira vista, e eu... queria distância. Não sei exatamente por que mais eu o havia atraído. Sentia uma estranheza enorme em ter atrás de mim um homem de 45 anos de idade. De volta a São Paulo, embora pertencentes a distintas unidades da empresa, ele sempre achava um motivo para me procurar, e ao fazê-lo eu dizia: o que é que esse velho quer comigo? Mesmo tendo insistido um pouco em provocar esses encontros, mantive-me irredutível e ele se foi um dia.

Anos depois, mudei de emprego, mudei de endereço, mudei de turma, estava na verdade bem entrosada com novos amigos que fiz a partir dessa fase e curtia muito a minha independência, meus amigos e minha casa. Até que um dia, 5 anos após esse primeiro encontro (e desencontro) com ele, no final da tarde de um dia de semana, cruzo a esquina da Avenida Faria Lima com a Cidade Jardim em São Paulo, e do outro lado da rua, vindo em minha direção estava aquele que viria a ser meu marido, meu eterno amor, também apressado com alguma demanda, mas não pestanejou... parou ao me reconhecer e ali ficamos conversando por alguns minutos após tantos anos sem nos encontrarmos. Trocamos telefones (nada de celular ainda nessa época) e lá fui eu para casa já ansiosa pela chamada que viria. Demorou um pouco, mas ele chamou e me convidou para sair. Desse dia em diante, não mais nos largamos. Era a última semana de novembro daquele ano e eu já estava com 28 anos... e, cá entre nós, com um olhar e uma atenção completamente diferente para aquele homem com já 50 anos.

Sempre juntos, mãos dadas, caminhando lado a lado, me sentia completamente cuidada, olhada, protegida e muito muito amada. Como esse amor me fez bem, me trouxe segurança e me trouxe alegria, alegria de viver, e o prazer de me aventurar. Além de engenheiro, trabalhando em obras pelo norte do país, ele também trabalhou na mineração por pelo menos dois anos em Poconé, porta de entrada do Pantanal. Já havia morado em Belém, em Manaus e em Porto Velho, quando quis viver a vida tal qual um *Durango Kid*, dormindo em barracas montadas no meio da mata, na região de Mato Grosso. E foi com esse espírito desbravador que ele me invadiu a alma e me encheu de amor e cumplicidade, me provocou inúmeras novas emoções ao, por exemplo, voar de ultraleve pela primeira vez, ou ao mergulhar em parques aquáticos para alimentar tubarões, ou o que fazíamos mais frequentemente, a prática de *snorkel* nas praias do litoral paulista, onde vislumbrei por inúmeras vezes a beleza da vida marinha, e aquele tão indescritível som do silêncio quando mergulhados no mar.

Foi sem dúvida o nosso esporte predileto e por muitos anos, especialmente em Ilha Bela, onde praticávamos o *snorkel* sempre lado a lado, de braços dados, e bundas ao sol! Era proposital estarmos juntos para que pudéssemos desfrutar também juntos o mesmo visual. Houve ainda algumas trilhas, mas não íamos muito longe, apenas o suficiente para vermos um Tiê-Sangue (pássaro vermelho) mergulhar à nossa frente ou ainda conseguirmos perseguir uma linda borboleta amarela e feliz ao rodopiar pelo ar, quando não mais que de repente, um ágil Sabiá Laranjeira voou veloz e certeiramente à nossa frente e assim conseguiu apanhar com um único movimento a saltitante borboleta, inesquecível momento. Dois viraram um!

Houve um mergulho em Ilha Bela que foi bastante especial e que nos marcou bastante, seja porque ali encontramos a "donzelinha", uma cobra d'água cor de rosa bastante conhecida pelo grupo de mergulho, e que para nós podia ser tudo menos inofensiva e "velha conhecida de todos"; ou, ainda, outro mergulho com *snorkel* quando vimos uma enorme arraia acordando e se descolando da areia no fundo do mar. Começou como um movimento muito sutil do seu enorme rabo absolutamente reto, tal qual um taco de bilhar a revolver a areia sobre ele, para logo em seguida percebermos ainda mais movimento, turvando a água com a areia que cobria na verdade o corpo de uma grande arraia que resolveu deixar seu momento de repouso e seguir adiante, na direção oposta à nossa. Em outro momento, avistamos uma nuvem de pequenos peixes, com uma tarja prata ao longo dele todo, eram muitos, um cardume. Assim, resolvemos parar para deixá-los passar e assim poder observá-los, nos afastamos um pouco para ficarmos de lado, levemente afastados do que seria o caminho natural que esse cardume tomaria, para observar melhor todo o seu movimento. Na verdade, o jogo se inverteu. Ao mesmo tempo em que paramos para fugir do caminho, todo o cardume começa a nos rodear bem devagar... e com o mesmo vagar, fomos ajustando o nosso movimento para que pudéssemos manter os olhos neles... e assim seguiram nos rodeando, e só após 360 graus de volta ao nosso redor é que esse cardume prosseguiu no caminho anteriormente pretendido. Lindo momento, presente da vida marinha!

Para além das aventuras aéreas ou marinhas, as mais transformadoras foram as terrestres, as aventuras nos bailes da vida noturna paulistana, fosse no clube que frequentávamos ou nos salões da Paulista, do terraço ou de outros bailes da Rua Augusta, próximos à academia do Jaime Arôxa. Nada me transformou tanto como a dança! Logo eu que por tantos anos quis sempre passar despercebida, vestindo jeans, camiseta e um velho tênis (isso quando consegui vencer a fase da sandália de couro da feira hippie!). Queria parecer como todo mundo, especialmente garotos, para assim não chamar a atenção e fugir de olhares mais ameaçadores. Há relativamente pouco tempo, descobri em mim o porquê de não querer me enfeitar e não me deixar produzir, seja pela minha mãe ou por mim mesma, o porquê de não me permitir um vestido, uma sandália ou um colar pendurado no pescoço... parecia que tudo e qualquer coisa em mim chamaria a atenção que eu não desejava sobre mim. Assim, me escondia atrás do jeans, ou do cabelo sem muito corte preso com rabo de cavalo e, nunca, jamais, com uma maquiagem, nem sequer um batom.

Foi a dança, a pista, o bolero, o gingado gostoso do quadril e das pernas que me permitiram explorar o meu corpo, meu corpo da dança em movimento, e do prazer dos passos sensuais de muitos boleros, um pouco, muito pouco de tango ou de um samba de gafieira. Foi na dança que me senti ou me permiti sentir ou me fiz sentir mais livre e mais liberta, conduzida em plenitude pelas mãos de meu marido, meu eterno parceiro de vida. Éramos sempre os primeiros a chegar e os últimos a sair... e quando a banda já não mais tocava porque o tempo dela se foi, era o momento do pianista solo, e com dezenas de outras músicas já de fim de festa, fazíamos a festa para nós dois e os poucos casais que ainda restavam. Houve uma noite em que nos deliciávamos a dançar, apenas os dois na pista, já era tarde, fim de baile, mas ainda estávamos na pista, e o pianista não desistia de nós. Sua única chance foi começar a tocar cada vez mais músicas ainda mais lentas, pois são os passos lentos e precisos os mais difíceis e também mais prazerosos. Como é gostoso namorar através da dança, *bolerando*! A música lenta, cada vez mais lenta e fomos adiante, concentrados, olho no olho sempre, e um sorriso entre nós que mostrava a satisfação do enfrentar desafios a dois. Seguimos dançando até o fim daquela última lenta música. Paramos, ainda um frente ao outro, olho no olho, sendo subitamente surpreendidos com aplausos esfuziantes do grupo de casais que ainda permanecia em duas mesas no canto do salão e que nos acompanhavam há tempos na pista. Os aplausos eram para nós!

Houve outros momentos de aplausos, também inesquecíveis. Já morando em Brasília, era época de Natal, tal como agora, e fomos às compras em um shopping da cidade. Quando no piso superior, avistamos a praça central lá de cima, e no centro um piano de cauda com um pianista tocando música, boleros ou sei lá o quê; não perdemos tempo e nos apressamos a descer as escadas rolantes. E assim que pisamos no chão da praça, meu marido me pega pelos braços e começa a rodopiar comigo, dançando e percorrendo todo o salão como ele sempre gostava de fazer, de fio a pavio, dançando, *bolerando* sobre o piso deslizante da praça central do shopping, até a música terminar. Olho no olho, sorrindo um para outro, terminamos felizes e ao olharmos ao redor, estavam todos nos aplaudindo, tanto no piso térreo junto ao piano, como também aqueles que estavam junto à bancada do piso superior, também curiosos pela música e agora também pelos dançarinos. Nosso filho estava conosco, agora no colo de amigos, e saímos dali meio sem graça à procura de um banheiro para o pequeno; o levei comigo e ao retornar nos vimos rodeados por alguns dos que nos haviam assistido, parabenizando-nos pela leveza de ser!

Há ainda um outro momento ainda mais especial, quando de uma das sessões de quimioterapia no Hospital do Coração em São Paulo, inesquecível, emocionante. Estávamos deixando o hospital, depois de mais uma internação de meu marido com rodada de exames e mais uma quimio. Ao sair, deixei-o sentado no sofá junto ao lobby do hospital, para ir até uma das áreas do térreo onde ficava a tesouraria, toda envidraçada com vista para esse pátio interno central do hospital, que varre todos os seus 11 andares, ou mais. Ele se tratou ali, afinal era a "nossa casa" de saúde, pois ele já contava com dois transplantes de válvula mitral feitas pelo Dr Jatene. Ele se tratou ali nos últimos trinta anos de vida, cuidado sempre com muito zelo e carinho pela sua cardiologista, e agora também pela oncologista.

Bem, ao sair da tesouraria, já liberados para deixarmos o hospital, vou ao encontro de meu marido que já me aguardava de pé, pega na minha mão e começa a dançar comigo. Por coincidência, era também época de Natal, e nesse pátio central havia um piano e atrás do piano... bem, você já sabe! A música era *"Jingle bell, jingle bell, jingle bell rock"*... e mais uma vez, ele me faz dar voltas e voltas naquele salão, sim, com piso deslizante rodopiamos dançando felizes e sempre um com os olhos grudados nos olhos do outro e o sorriso nos lábios, para, ao encerrar da música, mais uma vez vermos todos aqueles que ali estavam nos aplaudindo, e até mesmo aqueles que tinham me atendido no aquário da tesouraria, estavam de pé junto ao vidro batendo palmas. Na sequência, veio uma das senhoras da Associação Beneficente do hospital nos cumprimentar, e logo fixou o olhar no meu marido, dizendo: "pelo jeito você acaba de colocar um *stent* cardíaco e está zerinho em folha para retomar a dança com sua mulher, certo?"

A dança também me ajudou quando já próximo do fim, sem muitas forças para manter-se de pé, eu o fazia caminhar e dançar comigo por todo o corredor, desde o quarto até a sala de jantar. Esse método era infalível, som na caixa, música para bolerar, e o almoço servido. Somente assim conseguia tirá-lo da cama para almoçarmos todos juntos, íamos abraçados, dançando ao longo de todo o percurso até nos sentarmos à mesa. Foram inúmeras as vezes em que fizemos isso, nos mantendo unidos e nutridos pela dança.

Tornei-me bela!

Para caminhar, caminhar! O escritor Eduardo Galeano afirma numa citação bem conhecida que "a utopia está no horizonte. Eu ando dois passos, ela anda dois passos e o horizonte corre dez passos mais longe. Para que serve então a utopia? Para isso, serve para caminhar".

Correr atrás desse horizonte que corre mais outros tantos passos adiante. Perseguir um sonho, perseguir um desejo, atender uma vontade e, ainda mais forte que isso, parece ser mesmo sempre essa a minha determinação. Conquistar os seus próprios desejos é uma das coisas mais importantes para uma Capricorniana, tal como sou, essa cabra montanhesa persistente e que não desiste de certos desejos, daqueles de "certeza insana", de que algum dia lá chegaremos. Precisei aprender muitas coisas ao longo do caminho, e assim como a maternidade, outros aprendizados também foram tardios. Mas, sempre aconteceram quando tinham que acontecer.

Essa figura de cabra montanhesa me faz lembrar uma situação da minha infância e que até mesmo na adolescência me foi particular, persistiu comigo por muito tempo, muito mais do que o desejado. De tão teimosa e turrona, era chamada de "bode velho e teimoso", assim mesmo no masculino, pela manicure e depiladora que frequentava a nossa casa. Pois é, isso eu não entendia e não entendi por muitos anos, mas ainda criança não me permitia uma série de coisas que às outras meninas e adolescentes era tão natural. Não me permitia ser bonita, não deixava, não permitia que minha mãe me enfeitasse. Ela, por muitos anos, sempre me disse isso: "De um dia pro outro você não me deixou mais te enfeitar, e por mais que eu tentasse, insistisse, você nunca mais me deixou te enfeitar".

E assim a beleza, tão natural a uma menina ou adolescente, eu não me permiti. Por muitos e muitos anos na minha infância e adolescência não quis ser menina, queria parecer como um menino. Minha mãe queria me enfeitar, fazia roupas lindas em casa, vestidinhos e roupas femininas, que de um dia para o outro eu não mais quis vestir, eu não mais queria parecer bonita, não me permitia me enfeitar. Tenho fotos de criança, ainda pequena, sempre enfeitada pela mamãe. Já outras fotos mais menina ou quase adolescente, sempre com rabo de cavalo, prendendo o cabelo para trás, com calça comprida, sem decotes, sem charme, sem beleza.

Aprendi a me gostar já muito tarde, e meu marido tem tudo a ver com isso, revolucionou a minha vida, me ensinou a dançar, a me gostar e a ter prazer. A dança foi um passo essencial, fomos para as aulas do Jaime Arôxa na academia da Rua Augusta, e lá ficamos por um bom tempo aprendendo a dançar, todos os ritmos e bossas, e o nosso preferido era mesmo o bolero. Que jeito gostoso de namorar é bolerar! As músicas são todas muito românticas e outras tantas são mesmo a *sofrência*, mas aquele espanhol sussurrado nos meus ouvidos me fez muitas vezes voar. Aprendi com a dança a me entregar plenamente para o parceiro, bem, ao menos para o meu parceiro, único. Tentamos o tango, difícil! E as 27 primeiras aulas (ou quase isso) é apenas para aprender a caminhar, a caminhar, a postura ao caminhar com o parceiro à sua frente, que te conduz e te enrosca entre as pernas. Caminhar com a panturrilha bem empinada e levemente inclinada para trás, afastados do parceiro, para criar o espaço do trançar das pernas e, sempre, com o cóccix para frente. E ao mesmo tempo que as pernas se distanciavam, os troncos estavam colados, peito a peito, ombro a ombro, um de frente para o outro e sorrindo com o olhar no olhar do outro.

A dança começou a fazer parte do nosso casamento, depois da perda da minha filha, quando precisávamos nos consertar e nos reconstruir. Com as muitas aulas na escola da Rua Augusta, nos sentíamos minimamente confiantes para enfrentar os salões de baile da cidade, e foram muitos os momentos bem curtidos. Ao menos uma ou duas vezes na semana saíamos para dançar, perseguíamos a programação nos salões de clubes na Av. Paulista ou nos Jardins, e inevitavelmente éramos os últimos a sair. Meu marido era muito romântico e me envolvia sempre com muito carinho e me deixava cheia de desejo, sempre. Então, um dia do nada, chegou em casa com um presente para mim. Sim, sempre me trazia flores, as mais lindas, e sempre buquês imensos, lindos. Naquele dia não eram flores, era um livro sobre sexo tântrico e um vibrador.

Não me apropriei exatamente de todo esse ferramental, pelo menos não logo de início. Foi mais fácil começar pelo livro, que aliás tive por muitos anos na minha cabeceira, até o dia em que meu filho o encontrou e me disse: "É livro de adulto, né mãe?". Sumi com ele dali. De toda forma, foi assim o começo, mas nada ia muito adiante, sem muito entendimento do que e como buscar. Até que um dia, por um problema de coluna, causado pelas seguidas horas em frente ao computador, um amigo do escritório me aconselhou fazer sessões de *Rolfing*, um tipo de RPG, reeducação postural global.

Era uma clínica em Santana, longe de casa e ainda mais distante do trabalho. Por talvez 3 ou 4 meses, deixava o escritório mais cedo em um determinado dia da semana para fazer essas sessões. Na verdade, são massagens, alongamentos feitos de um lado e do outro do corpo, primeiro num e depois no outro. O profissional faz todos os movimentos, alonga músculos, tendões e ligamentos e depois os coloca no lugar. E, tal como a RPG, tem por objetivo "reorganizar a postura e aliviar dores, tensões e desconfortos físicos". Foram muitas sessões, sempre retornava para casa sentindo-me diferente, acolhida por mais de uma hora de massagem. Já quase ao final, nas últimas sessões, eu praticamente adormecia com os movimentos e com a total entrega do meu corpo, quando ele me virou de barriga para cima, manteve os movimentos firmes, e me disse que enxergou uma marca física em mim como uma energia acumulada e não fluida na região do quadril. E somente agora, um ano antes da pandemia, visitando uma amiga de infância, bastante espiritualizada, que com certeza eu não via há mais de 40 anos, ouço alguém me dizer a mesma coisa, ou seja, ver em mim uma "energia concentrada, travada, presa na altura da minha bacia, que precisa ser trabalhada para fazer fluir, subir".

Terminaram as sessões, fizemos fotos que comprovavam o antes e o depois, o corpo agora encaixado, com os músculos laterais articulando-se a um único eixo central, tudo estava ajustado. Retomo a minha rotina normal de casa, trabalho e dança. Até que um dia acordei com todo um novo entendimento na minha mente, explícitas memórias, antes tão esquecidas e por tanto tempo e que de tão profundas esclareciam tudo. Sempre tive sonhos reveladores, sempre dormi com preocupações (do dia a dia de trabalho, na maioria das vezes) e acordava no meio da noite com a necessidade de colocar tudo no papel, para ter a certeza de não esquecer nada na manhã seguinte. Às vezes, as tais soluções ou *insights* vinham aos poucos, ao longo da noite e nos sonhos, sempre entre o acordar e o deixar-se ficar. E dessa vez, veio tudo junto como uma enxurrada, toda uma história completa, contada de início ao fim e que fazia total sentido.

O ponto de partida era o que havia me acontecido quando ainda criança, por volta dos 7 ou 8 anos de idade, nunca soube precisar. Já alfabetizada, eu curtia acordar cedo e pular para a cama do meu avô com um livro na mão, para que eu pudesse ler para ele. Meu avô materno passava três meses do ano na nossa casa, e os demais na casa dos meus tios. Ele já era bastante idoso, com uma perna operada e sem o joelho, sem articulação, e sem 100% de visão, cegueira avançada pela presença de um glaucoma, e, como todos sabiam, adorava brincar com as crianças. Eu lia para ele, os livros da escola. Mas, certa manhã, ainda com todos dormindo em casa, fui para o sofá-cama onde ele já acordado me aguardava. Dessa vez ele me acolheu e me deitou entre seu corpo e a parede ao lado do sofá, e assim sem muito espaço para eu me mexer, ele me tocou, me tocou mais uma vez e eu fiquei imobilizada, dura naquela posição. Me tocou novamente e me pedia que eu o tocasse; não consegui, estava literalmente imobilizada.

No mesmo instante em que eu me lembrei desse fato, ocorrido comigo quase trinta anos antes e jamais presente nas minhas lembranças, eu ouvi outras histórias ainda nesse mesmo sonho, ditas pelo meu tio já falecido, único filho homem do meu avô materno e que justificavam de alguma forma porque ele foi sempre diferente.

Os dois filhos mais velhos do meu avô, irmãos tão queridos da minha mãe, eram solteiros e viviam juntos desde a infância até o final da vida, e assim permaneceram até a morte de ambos com 48 horas de diferença um do outro. Eles tinham um pacto de vida, um compromisso de permanecerem juntos por todo o sempre. E foi assim que meus tios puderam proteger as duas irmãs mais novas, incluindo minha mãe. Tal como ouvi dele, sussurrando ao meu ouvido anos depois de sua partida, eles não tinham outra saída; permitiam que isso acontecesse com eles, mas não com as irmãs, especialmente com minha mãe que era a caçula.

Minha tia, irmã mais velha da mamãe, solteira convicta que jamais amou um homem. Lembro do dia do velório dela, em que meu pai estava inquieto ao lado do caixão, até chegar perto de mim e me dizer com um olhar estarrecido: "ela morreu virgem!"; tal como todos acreditavam. Meu tio foi um médico muito dedicado, passava boa parte do dia entre o consultório e hospitais públicos do centro da cidade, e homossexual. Ambos foram abusados pelo meu avô materno desde a infância e por longo período, até deixarem a casa dos pais na cidade natal e se mudarem para o Rio de Janeiro.

É inesquecível a lembrança, muito viva na minha memória, da pessoa que mais chorou no enterro do meu tio, aos prantos, sem descanso. Foi o coveiro. Sim, o coveiro chorava copiosamente a cada pá de cimento colocada em cima da lápide... e depois o homenageou colocando um lindo crucifixo sobre ela. O coveiro era um dos muitos pacientes que meu tio atendia no hospital público do centro da cidade. Emocionante!

Esse foi o meu segredo, nunca antes deste fato, sequer reconhecido por mim. Nunca, nunca contei isso a ninguém, não contei para minha mãe, nunca contei; só fiz tirar (quase que pra sempre) da memória e enterrar no fundo do poço da alma, para um dia relembrar, depois de pedir, na verdade, de gritar ao mundo o que eu mais queria.

Já acordada do sonho, chamei meu marido e contei a ele o ocorrido. E com essas lembranças de volta à memória, voltei para o livro e a ferramenta que me libertaram. Tornei-me bela!

Quero ser árvore!

O Tempo! Lembro de um livro que li na adolescência cujo título é "Não apresse o rio, ele corre sozinho". Inspirado na cultura dos índios americanos, onde a confiança é a base da fluidez da vida, ou ainda na Gestalt-Terapia, onde o enfrentamento das dificuldades forma a nossa experiência pessoal, a capa do livro é uma gostosa gargalhada da autora. Como dito por Barry Stevens, "deixar-se ir junto com a vida, sem tentar fazê-la ir para algum lugar, sem tentar fazer com que algo aconteça, mas simplesmente ir, como o rio. E, sabe, o rio, quando chega nas pedras, simplesmente se desvia, dá a volta. Quando chega em algum lugar plano, ele se espalha e fica tranquilo. Simplesmente vai se movendo junto com a situação em torno, qualquer que seja ela." E, na verdade, agora sou eu a rir, pois é algo como cantado por todos nós embalados por Zeca Pagodinho... "deixa a vida me levar, vida leva eu!", e o mesmo gostoso sorriso ao cantarmos.

Sempre acreditei que o Tempo é amigo, e aqui o coloco em letra maiúscula, porque é também uma entidade nas religiões de matrizes africanas, também conhecido por Irôko, representado por árvores de grande porte. E é essa dimensão que quero explorar. Por vezes, acordo com alguma frase sendo sussurrada nos meus ouvidos, e dessa vez foi com o sol raiando do lado de fora da casa, quando hospedada em uma antiga fazenda no cerrado baiano, poucos meses antes da gravidez de meu filho.

Quero ser árvore
Enraizar no solo mesmo quando árido
Crescer, resistir às estações, amadurecer
Gerar fruto e deixar semente.

Tal como dito, acordei com essas palavras ditas ao pé do ouvido, junto ao amanhecer, repetidas inúmeras vezes até conseguir abrir os olhos e me ver verbalizando-as e buscando um pedaço de papel e um lápis onde eu poderia escrevê-las. Dito e feito. E ainda ecoam no meu ouvido, agora ditas por mim mesma, um mantra repetido todos os dias.

Quero explorar esse olhar em perspectiva! Inclua o tempo, inclua essa dimensão temporal ao falar das coisas, dos acontecimentos ou de você mesmo. Nos modificamos continuamente, mas sempre com uma mesma raiz, surgimos de uma base única, que se nutre das suas raízes, fincada na terra; no entanto, caminhamos como galhos que correm para lados opostos. Buscam novos ares e novos saberes em campos distintos, buscam os raios de sol, buscam a luz, mas crescem nas noites, e tomam cada um o seu caminho, em direções opostas. E todos esses galhos compõem uma única árvore.

Colocar o olhar em perspectiva significa sermos capazes de mirar o horizonte e enxergamos o caminho a seguir. Significa olharmos adiante e sabermos por onde andar, fazer escolhas em busca daquilo a encontrar mais adiante. Significa também, do ponto onde estamos, no contexto atual, olharmos ao redor e saber reconhecer o caminho percorrido até aqui e, com o passar do tempo, identificar nossos erros e acertos, nossas escolhas e destinos, e agradecer pelo que deu certo e o que não foi bem assim como se quis. Significa, portanto, ao mirar o horizonte, voltar o olhar para o ponto de origem e reconhecer os caminhos percorridos. E tal como um desenho em perspectiva, reconhecer o ponto a ponto da linha traçada, os meandros do caminho, os desvios das pedras, as áreas em sombra, as áreas planas, as cachoeiras e o ponto de fuga. Talvez vários, sempre existem e lá estão como um elemento que nos ajuda a reconhecer o próximo passo a seguir.

É com esse olhar em perspectiva que pretendo me renovar, muito ciente do caminho percorrido até aqui, não para revivê-lo, nem para esmiuçá-lo, mas para me fortalecer e agora buscar um novo crescer, talvez espiritual. Difícil colocar aqui essa palavra, meus dedos titubearam no teclado... mas sim, crescer espiritualmente.

Tão intensa, longa e necessária foi a minha busca por alegrias e prazeres, e sim, essa energia está ali, onde sempre esteve, e é muito forte, pulsante, fortalecida pelo que vivi e feliz por ser encontrada, reconhecida e valorizada. No entanto, parece haver novos passos a seguir, agora fazê-la subir, buscar outros prazeres, caminhar pelo meu interior e elevá-la até a minha mente e o meu coração.

Quero dar importância a esse olhar em perspectiva, reconhecendo seu movimento contínuo, transitório para sempre e em permanente fluidez, tal como rio que corre sozinho. A impermanência das coisas e das criaturas é o centro de tudo. Existe e não mais existe. Vive e não mais vive. Está e não está. E, afinal, parece que sempre esteve, tudo aqui dentro de cada um de nós.

O projeto da maternidade

Obra de Deus

Noite passada, meu filho adolescente veio ao meu encontro, ansioso como sempre, para me contar sobre o retorno dos Mamutes. Sim, eles voltarão a habitar o nosso planeta em até 3 ou 4 anos. E, ainda completou: "Não é a primeira vez que infringimos a lei natural de evolução da vida, a primeira foi há mais de 50 anos, quando a pílula anticoncepcional começou a ser comercializada; e, a segunda, quando nos deparamos com a realidade de que dois gêmeos idênticos podem nascer com 50 anos de diferença um do outro". Sim, ele está certo!

Horas antes, por sugestão minha, estávamos assistindo a uma série com Morgan Freeman – "*Story of God*", onde a busca é por provar a existência de Deus. Assim, por que *maratonar* essa série, já que ele não acredita existir Deus, porque não encontra razões científicas para isso? Aproveitei a chance para cobrar um mínimo de coerência, pois há pouco falávamos se Deus existe ou não, e agora você quer brincar de Deus? Como assim? A resposta foi imediata: "Não é errado brincar de Deus, mãe, e também não é não ético, errado é não buscar adaptar o ser humano para o futuro!".

Lembrei-me de uma visita ao hospital para exames complementares na tentativa de diagnosticar a doença do meu marido, quando a médica cardiologista que nos acompanhava há muitos anos, apresentou nosso filho à oncologista, dizendo: "Olhe para isso! Sabe o que é? Obra de Deus!".

Ele já tinha completado 6 anos e, sim, com toda certeza, é obra de Deus. Meu filho foi minha quinta gravidez e dez anos depois da minha primeira filha nascer e viver por 5 dias, a cesariana de emergência foi feita com 29 semanas. Depois foi o luto, o longo pesar, as culpas, até que nos dispuséssemos a tentar novamente. Segunda gravidez, primeiro aborto espontâneo de menos de 12 semanas, e depois nada e nada e por longo período, muitas tentativas e nenhum sucesso. Até que a idade chegou, passei dos 40 anos, e partimos para as clínicas de fertilização in vitro. A primeira FIV foi feita com 8 óvulos, a segunda com 11 óvulos! Sim, isso ainda era possível naquela época. Mas, nenhuma "vingou", como disse minha mãe e "por que continuar tentando se você tem lúpus e sabe que não pode ter filhos?". Bem, não tínhamos condição financeira para uma terceira tentativa, e nem seria indicada naquele momento. Mas, a certeza de poder ser mãe permanecia e o desejo de fazê-lo ainda maior. Como dizia meu marido, depois de todo o tratamento hormonal, eu estava "turbinada" e continuei acompanhando de perto os meus ciclos, até que engravidei de forma natural, menos de seis meses depois da segunda tentativa. O que não evitou que fosse encarada como uma gravidez de alto risco, dado o histórico de perdas anteriores e a minha idade. Prosseguimos com fé, e meu filho nasceu, de novo por meio de uma cesariana de emergência antes de completar 34 semanas, com 1, 625 quilos tendo permanecido 25 dias na UTI neonatal, quando o levamos para casa com 2,1 quilos. Sim, é obra de Deus!

Ao final, parece que tudo faz parte de um processo e um longo processo, de vivências e experiências nem sempre exitosas, mas que nos mostram o quão importante é gritar à vida os nossos desejos. Parece que não basta pedir, sussurrar, balbuciar àqueles do nosso lado ou aos nossos deuses o que queremos e quais são os nossos mais profundos desejos. Na verdade, esse grito para mim foi a cura (e disse isso a você, amiga cabra, em momentos importantes, acredito), que é mesmo preciso gritar à vida o que queremos! E o processo que vivi das FIV representaram esse grito, parece ter sido a chave para de fato acontecer, e acontecer naquele momento.

Veio ao mundo! Meu filho chegou finalmente e nos trouxe muitas e muitas alegrias, completou a família que tanto queríamos formar! E o tal sentimento que tive, ao longo de 14 anos de um casamento tão bem curtido a dois (só nós dois, eu e ele, sem filhos), deixou de existir, sem que eu percebesse desapareceu, saiu de mim. Aliás, foram muitos os que nos diziam "Por que ainda tentar e insistir em ter filhos se o casamento de vocês é tão perfeito, parecem duas almas gêmeas, dois eternos namorados?". Era uma premonição, não sei, vinha sempre ao final de longas conversas, especialmente nos almoços de final de semana ou nas noitadas de dança no clube, esse tal sentimento. Vinha sempre sem que eu esperasse, me trazia uma sensação de luto, de perda e me fazia chorar... eu sabia que eu perderia meu marido. Quantas e quantas vezes eu tive esse sentimento e quantas e quantas vezes ao lado dele eu me punha a chorar, chorava de soluçar... e ele ainda ria de mim, dizendo que claro que teria que ser assim, pois o contrário ele não suportaria. E evidentemente, nada mais plausível de acontecer quando ele tem mais de 20 anos de diferença de você.

Sim, nós éramos os avós do nosso filho! E para completar, meus primeiros cabelos brancos apareceram aos 15 anos, uma questão genética herdada da minha mãe. E, tendo mais de 40 anos, com um filho pequeno no colo e ao lado do pai com mais 20 que você, fica mesmo difícil não pensar em um casal de avós passeando com o neto no parque ou o levando para o parquinho do clube. Inevitável sermos vistos assim.

E logo depois que meu filho completou 7 anos, meu marido se foi, tal como o tal sentimento mostrava, o perdi para sempre! Digo para sempre dessa vez, porque já o tinha perdido antes, ou se não perdido, já desenlaçado, sem o nó que nos agarrava, já o sentia distante fisicamente. E, na semana passada, completaram-se 7 anos do seu falecimento. Parece muito? Pouco? Não sei... aprendi que o amor só cresce! O Tempo é amigo! Mas, parece nunca haver tempo bastante para uma despedida! Não importa se foram dias, meses ou anos, há ainda muito a dizer e também a ouvir. Já tive essa chance, de ouvi-lo, de senti-lo, mas se foi. E ainda há muito dentro de mim para sair... e aqui começo a despejar, a me permitir. Quero fechar um ciclo!

Entre tantas alegrias, a desconexão

Mas, quando foi mesmo que o perdi? Quando foi que esse nó afrouxou? Parece que deixei displicentemente com as pontas soltas. Movimento (in)voluntário? Voluntário consciente? Ou voluntário despercebido? Talvez sempre percebido, mas nunca avaliado corretamente, especialmente quanto às suas consequências. Quantas foram as vezes em que percebi e fiz que não entendi. Quantas foram as vezes em que mostrei um lado sombrio e me escondi na própria sombra, fingindo não entender, mas entendendo.

São tantas as situações que nos apontam para esse caminho, cotidianas, e mesmo que aconteçam repetidas vezes, insistimos em não perceber. São aqueles momentos de desencontros, de olhares precisos, mas bem curtos, que nos apontam o dedo a dizer o que está acontecendo e ainda assim insistimos em não olhar e em não parar e mais uma vez, perdemos a chance de nos reparar.

Por que isso? Por que eu agi assim? Por que me permiti desconectar? Porque afinal eu o perdi escorregando pelos dedos, mas sem fechar as mãos... Senti escorrer pelos dedos e não fechei as mãos, não recolhi os braços, não o acolhi no meu colo. Eu pelo menos não o fiz. Não é difícil perceber esse momento, aliás, esses momentos, porque são vários e cotidianos como disse, e se repetem nas mesmas situações em que simplesmente dizemos a nós mesmas: ah...

depois... mais tarde... outro dia... noutro momento... mais adiante... daqui a pouco... e foi, passou e eu o perdi... ou o deixei... ou como ouvi dele, o abandonei.

Não permita, por favor, não o faça, insista, persista, é preciso! Não perca a chance de voltar atrás e de se corrigir, não deixe escapar pelos dedos, porque um dia irá e sem volta. A distância que era tão curta, apenas do olhar, apenas daquele momento ou outro mais, essa distância se estende e o voltar atrás parece inalcançável. Não permita que isso aconteça, tão comum e tão fatal.

Tento pensar nessas tais situações tão cotidianas em que isso acontecia, para relatar aqui. E de tão comuns e cotidianas me escapam, porque foi aquele olhar, aquela resposta por vezes indireta direta, palavra ofensiva que se deu ou nem sequer se deu. Às vezes o silêncio ainda é pior, o vácuo, o nada que aconteceu depois daquele distanciamento que nasceu de forma absolutamente natural, ditada tão e simplesmente pelas circunstâncias de um novo ser dentro de casa que requer sua atenção mais que tudo, e que sem nenhuma dúvida te rouba do outro.

Sim, ele te rouba do outro! Exige tanto a nossa dedicação e nosso empenho com tantas tarefas pequenas e grandes, constantes, repetitivas e cansativas. São indescritíveis as alegrias, não há a menor dúvida, inebriam, contagiam todos, chamam o sorriso franco de todos da casa. No entanto, nos tomam todo o tempo do mundo, literalmente, todos os segundos e minutos das 24 horas dos 7 dias na semana. E não há como ser diferente, é necessária essa atenção, essa dedicação, e esse esquecer do outro, porque o um é infinitamente mais demandante e dependente de você e mais ninguém.

Nesse momento nasce uma mãe e isso é também mágico! Afinal, era tudo que se buscou por tantos anos, não é verdade? Agora sou mãe! Mas, perde-se o tempo de ser amante, esposa ou namorada ou até mesmo companhia para o outro. Perde-se até o tempo de ser o que se é. Não permita que isso se estenda para além do tempo necessário, porque há um tempo absolutamente necessário que demanda exatamente essa total entrega e desapego. Mas, perceba a hora de voltar a si e voltar ao outro ser que habitava a sua casa e o seu coração antes dele. Não o abandone e não abra mão de amar em todas as suas formas.

E, sabe aquele tal sentimento de perda que sempre me rondava antes do nascimento do meu filho, quando chorava copiosamente após os almoços de final de semana no clube, por saber, perceber, que um dia não mais o teria ao meu lado? Aquela premonição de que eu não o teria para sempre... desapareceu, sumiu, como disse. E sabe por quê? Porque o meu filho chegou. E essa mágica de ser mãe te empodera, tenho comigo a força de uma nova vida.

Tomo decisões para ser feliz

Como dito por Shakespeare e sempre repetido por você, amiga cabra, desde a adolescência, "Há mais coisas entre o céu e a terra do que pode imaginar a nossa vã filosofia!". Assim, você está certa quando diz que "Há mais elementos que promovem esse desencontro e que já estavam – antes dos filhos – em nós, neles e no relacionamento". Apenas aproveitaram a lacuna, a falta de tempo e nos deram o bote. E você ainda completou: "Um detalhe importante: tudo o que acontece numa relação é de responsabilidade de quem dela participa. Nós, as cabras, nos sobrecarregamos com o aval, o consentimento mais ou menos consciente, mais ou menos explicitado, mais ou menos reconhecido por nós mesmas e por quem se relaciona conosco. Dito de outra forma, a armadilha não é construção somente nossa. Então, a questão não é somente de pedir perdão ou receber o perdão do outro, mas também de nos perdoar".

Parece evidente que esse desenlace já havia ocorrido, e também evidente que essa é uma responsabilidade mútua, manter os laços apertados entre um e o outro. E aí talvez caiba refletir de modo mais profundo, escarafunchando no fundo do poço as histórias que nos levaram a dar saltos entre pedras tão incertas em planos inclinados.

O tempo corre para trás, para após o nascimento de meu filho, ou ainda antes, quando não havia muita segurança financeira ao se buscar tratamentos tão caros à época e ainda hoje, com certeza. Ou quando minha dedicação ao trabalho ia para além das 8 ou 10 horas ao dia, por anos seguidos, ainda em São Paulo; e, ainda com muitas viagens de trabalho naquele primeiro ano probatório em Brasília. A própria decisão de ida para Brasília foi muito cara a todos nós. Envolveu momentos muito difíceis, onde tive que fincar posição na tentativa de convencê-lo de que essa seria a melhor opção. Contei inclusive com o apoio do meu cunhado, que quando foi consultado pelo irmão em uma conversa ainda limitada aos dois, retrucou imediatamente sem pestanejar: "Vocês estão esperando o quê?". Sabidamente havia perdas a considerar, o caminho não poderia ser outro, e a decisão afetaria definitivamente as nossas vidas... no mínimo, um novo e outro *modus operandi*!

Ao fazermos escolhas, pensamos sempre no que vamos ganhar! E, na verdade, as escolhas trazem perdas, e muitas das vezes perdas sensíveis, irreversíveis e nem sempre não evitáveis. Nós já vivemos muitas delas! "A cada passo a gente calcula e resolve um salto após o outro". Mas, por mais cálculo que se faça e por mais acertos e soluções que tenham sido oferecidas, a conta nem sempre fecha no positivo. Houve perdas consideráveis, sem dúvida nenhuma!

Foram muitas as perdas sensíveis, mas a maior sem dúvida nenhuma foi a perda do convívio diário de meu filho e marido com os meus sogros, ambos àquela altura já com mais de 90 anos. Dá para imaginar a alegria de ganhar mais um neto aos 93 anos de idade? E filho do filho tão querido, que se tornou pai pela primeira vez aos 66 anos? Sim, foram esses tão idosos e muito queridos avós que nos davam a segurança do zelo constante sobre nosso pequeno durante nossas ausências em viagens de trabalho, ou ainda, o dedicar diário ao entreter e cuidar de modo tão amoroso, isso tudo para além do suporte financeiro por várias vezes e em horas importantes. Soma-se a essas perdas ainda os contratos de trabalho de meu marido, todos tendo por base São Paulo, mesmo que nem sempre recompensadores, o que representava já àquela altura os poucos vínculos profissionais que ainda permaneciam. Ele já tinha 70 anos completos quando partimos para Brasília, assumir novas aventuras nessa fase de sua vida talvez não fosse definitivamente a melhor opção, ao menos para ele. Por momentos, eu mesma duvidei estar tomando a decisão mais acertada; afinal, por que sair da zona de conforto até aqui conquistada? Mas o salto foi rápido, o tal momento entre o calcula e resolve que não dá mais para descer do ônibus.

Ao me tornar mãe, senti falta da minha mãe

Dando saltos entre pedras, deixei de refletir sobre momentos importantes da minha vida, que hoje me fazem falta. Quando da gravidez e perda da minha filha, mamãe estava muito presente ao meu lado. O que com certeza me ajudou muito a viver esse luto. Mas durante a minha quinta e última gravidez, que veio somente dez anos após a primeira e tantos momentos tortuosos no caminho, não foi um acontecimento que compartilhei desde o início com mamãe. Ela sempre buscou me desestimular, querendo que eu desistisse da ideia de ser mãe. E com certeza a tal esperada gravidez de risco, anunciada pelo meu tio médico devido ao diagnóstico de lúpus aos 21 anos, foi motivo suficiente para que ela, minha mãe, temesse me perder; e, daí a me desencorajar a seguir tentando. De tal forma, que na verdade nem mesmo as FIV realizadas, eu não contei para mamãe, sempre deixava para contar somente quando tudo estivesse certo, para não gerar medo ou angústias. E assim, ela só veio a saber da minha gravidez quando eu já estava com 16 semanas, e não aguentava mais chorar todos os dias pedindo o seu colo e o seu abraço.

Depois de me encher de coragem e orgulho por ter chegado até aqui, os quase 4 meses de gravidez, corri para o telefone para contar. Mamãe me atendeu, mas ela ainda temia me ver sofrer e me disse: "Você não tem mesmo jeito, né? Teimosa, não sabe que não pode? Fale aqui com seu pai", que logo que me ouviu, caiu em um pranto, cheio de emoção e também de medo, mas me acolheu. Chorei minha gravidez inteira, sentindo muita, muita saudade da minha mãe. Tudo que eu queria era a presença da minha mãe ao meu lado. Ligava para ela ao menos duas vezes na semana, dando notícias sobre a boa evolução da gravidez, mas sem muito eco do outro lado. Mamãe nunca gostou de muita conversa pelo telefone, era sempre "a saúde, o clima e a geografia", e aquele "falamos mais tarde", que não acontecia de forma tão espontânea.

Até sermos surpreendidos, mais uma vez, com a notícia de uma cesárea de emergência, recém completados os 7 meses de uma gravidez de risco, corri ao telefone, feliz ao dividir com mamãe a notícia de meu filho nascido prematuro, pequenino (1.625 kg), com saúde, sem intercorrências, mas requerendo ainda cuidados da UTI Neonatal. Não foi diferente, o medo continuou falando mais alto e o que mamãe me disse foi: "Vamos ver se vinga, né, minha filha? Fale aqui com seu pai", que mais uma vez, veio ao telefone já assustado, em prantos. Papai não chegou a conhecer meu filho, poucos meses depois do nascimento dele, papai sofreu um AVC (que segundo mamãe já ensaiava fazia um tempo) e ficou internado no hospital, em coma por 7 meses e alguns dias até o seu falecimento. Mamãe não saiu do lado dele nem um só momento por todo esse longo período; e, assim, só veio a conhecer meu filho já com 1 ano e meio de idade.

Ainda nesse mesmo dia na UTI Neonatal, recebi a visita da madrinha de meu filho. Ela voou de Brasília para São Paulo assim que soube da notícia, me presenteou com todo o enxoval feito por ela mesma e ficou ao nosso lado, para ainda na manhã seguinte, fazer as compras para a recém-nascida mãe, como a lingerie apropriada para a amamentação, contra estrias e outros itens indispensáveis para o momento. Em um segundo telefonema para mamãe, disse a ela que estava agora acompanhada, e seu comentário foi: "Sim, fazendo aquilo que a mãe da gente faz nessa hora, que bom!".

E quando busco esse olhar em perspectiva, percebo que na verdade talvez esse não tenha sido o primeiro afastamento entre minha mãe e eu. Talvez o primeiro e mais íntimo momento em que eu mesma rompi com esse colo, mesmo sem saber, de forma inconsciente, foi quando, uma vez abusada pelo meu avô materno, não fui buscar refúgio no colo da minha mãe. Não sei ao certo a razão, se pelo trauma vivido nesse ato brutal, motivo suficiente para se recolher... ou pelo medo de não acreditarem em mim, pelo medo de deixar minha mãe triste, se pela figura tão icônica que ele sempre foi na família, não sei!

Há muito pouco tempo, compartilhei com minha irmã o ocorrido na infância, e ela conversou com minha única tia ainda viva sobre isso, a matriarca da nossa família. Falou do abuso praticado há quase 50 anos atrás, e a primeira pergunta que veio foi: "E sua mãe fez o quê?" Na verdade, ela nunca soube, eu nunca contei, eu não compartilhei, eu joguei todo o ocorrido no fundo do poço da alma por trinta anos e só fui buscar quando do meu grito por prazer, por liberdade de ser, por ser bela! Será que não aprendi a pedir ajuda?

Relato a seguir um primeiro momento delicado do meu casamento! Talvez fruto de desencontros anteriores, as lacunas já presentes e só visualizadas e reconhecidas com o tempo. Com toda certeza, uma delas, foi reconhecer a relação de meu marido com os seus pais e especialmente com minha sogra, tão amorosa e delicada mãe! Ciúmes? Inveja? Ouvi dele lá no começo da nossa relação... "Ou você se dá bem com ela ou nada entre nós vai funcionar!" E, anos depois, quando da indecisão dele em ir para Brasília, foi a minha vez... "Ou você aceita ir comigo e deixar seus pais ou me separo de você e vou sozinha com nosso filho para Brasília!".

Por que afinal esses enfrentamentos tão evidentemente improdutivos? Tudo que percebo é que reajo negativamente a esses momentos, menosprezo, empurro, não raciocino, sigo em movimento... quando em defesa, na pressão. Algo como... "Veremos!" E foi exatamente essa a pressão que eu mesma fiz antes da ida para Brasília... Ou ela ou eu... Na verdade, a possibilidade de não aceitar essa nova posição em Brasília não existia para mim. Não podia ter feito assim, eles já tinham muita idade e meu marido estava sempre presente. Inesquecível a cena de todos os dias em que ele visitava os pais. Logo após o almoço ou o lanche, sentava-se no sofá, o pai em uma das pontas, a mãe na outra ponta, e ele ao centro, sentava-se ali deliberadamente, e religiosamente dava uma mão para cada um deles, e assim permanecia por horas seguidas, conversando com os dois. Ele os unia, depois de tantos anos de entendimentos e desentendimentos na casa, desde a infância e adolescência convivendo com ambos. Ele era, sem sombra de dúvida, uma alegria na casa.

Mas, afinal e eu? Merecia contar com ele ao meu lado e sempre me empurrando para frente e privilegiando as minhas escolhas? Ao final, respondeu sob pressão, forçado, e já com 70 anos completos! E o fez em uma fase da vida que tudo o que não se espera são surpresas, ineditismos ou, para piorar, falta de controle sobre a própria vida.

A alegria resgatada pelas Santas

Entre tantos livros de cabeceira, me peguei com um sobre o encontro com a "Deusa do Riso Curador", de Jean Shinoda Bolen. Conta sobre Baubo ou Uzume, a deusa da alegria e da dança, duas questões essenciais em mim, que demorei muito, muito tempo para encontrar. Conta que "mulheres que se sentem à vontade consigo mesmas, riem muito quando estão juntas", e que o riso aqui traduzido "é muito mais do que um riso, é tal como um portal sagrado onde surge a vida, o retorno da luz e da vida". No riso compartilhado há um sentido de igualdade de nossa vulnerabilidade e também de nossas forças, e complementa dizendo que "cada história contada por uma mulher se torna espelho para outra, onde ela pode ver a si própria e à sua capacidade de recuperação", e ao partilhar a dor e o riso experimentamos o seu poder curador. Percebemos, assim, que tudo faz parte da vida e que "nós somos parte de uma dança divina!".

Nada mais verdadeiro, como somos importantes uma frente às outras e quão salutar nos é o encontro e o riso compartilhado! Todas temos nossas experiências que comprovam essa força, mulheres que riem muito quando estão juntas, e se espelham nas verdades e nas histórias umas das outras. Foi a partir daí que voltei a ter o riso solto, ao encontrar amigas de infância, amigas de escola, com histórias tão diferentes umas das outras, mas que ao final nos espelham em partes e nos representam, nossas vitórias, nossos fracassos, nosso caminhar.

O retorno para Brasília me permitiu esse reencontro com "as santas", todas alunas de um colégio de freiras que passaram os anos do ensino fundamental, o antigo primário e ginásio, juntas. Quantas saudades desses encontros! O primeiro deles foi organizado por uma delas e fui com o meu crachá pendurado no peito, afinal não sei quantas me reconheceriam depois de quase 30 anos sem vê-las. Morei 25 anos em São Paulo, e ainda antes disso os últimos anos em

Brasília foram já na universidade, distantes uma das outras.

Sim, fomos capazes de nos reconhecer e de nos abraçar e de nos entender com o mesmo vigor de 30 anos antes! Vimos que as ressonâncias e mesmo as dissonâncias anteriores ainda eram as mesmas, mas que ao final nada mais disso importava, pois quaisquer que fossem os desencontros anteriores, nos importava o reencontro e a alegria de estarmos compartilhando vidas vividas por cada uma de nós. Uma grande festa foi promovida com todas as ex-alunas do colégio, e reuniu só no primeiro encontro cerca de 300 "meninas", de vários diferentes anos da escola; que festa, que alegria, que emoção! Devemos isso à organização feita com muito esmero e carinho por um pequeno grupo, liderado pela Santa Mor, que foi capaz de resgatar em todas nós essas meninas da escola primária!

A alegria passou a fazer parte de mim novamente! Através das "santas", tivemos inúmeros outros encontros memoráveis, todos importantes e reveladores, à sua medida, e que repercutiram em mim de forma muito particular. Lembro do assombro de meu marido com toda essa minha alegria, foi mesmo transformadora na forma como se deu. Não esqueço meu retorno para casa depois de nosso primeiro grande encontro! Lá pelas tantas da madrugada, me dei conta que por um longo período havia me esquecido completamente que tinha marido e filho (filho pequeno!) à minha espera em casa. Já passava das três da manhã, quando cheguei de volta em casa e fui logo correndo para o quarto para avisar meu marido que tudo estava bem, só havia passado um pouco da hora pretendida de retorno, estava na verdade certa de que ele estaria preocupado comigo. Entrei no quarto, ele naturalmente dormia, mas fui logo me chegando na beirada da cama para acordá-lo e dizer "Estou aqui, deu tudo certo, já cheguei". Na verdade, tive que acordá-lo para dizer tudo isso, e sua resposta foi imediata: "Achei que você chegaria em casa com o par de sandálias na mão e cantando a jardineira!" Bem, foi quase isso! Expressa bem a importância desse reencontro! Ele visivelmente reconheceu em mim uma outra mulher, agora espelhando tanto outras mulheres, de tantos diferentes momentos e histórias de vida!

A *impermanência*

As armadilhas da mente – não acredite!

Início do outono e a temperatura hoje ao primeiro abrir dos olhos era de 6ºC, só facilitou a minha decisão de permanecer na cama até mais tarde. Mas, foi preciso persistir, porque foi intensa a vontade de pular da cama e buscar o laptop para escrever. Meus pensamentos nessa hora eram muito intensos e com tal densidade de dor que resolvi insistir em dormir. Só agora, horas depois de um sono estendido, sento-me para escrever.

Queria falar sobre as armadilhas da mente, o poder que as palavras têm sobre nós e o quanto acredito que fui capturada pelo desejo de controle sobre o imponderável, o impermanente. Foi também em setembro que meu marido apresentou os primeiros indícios de que sua saúde não estava bem, e no mês seguinte já estávamos em São Paulo a procura de um diagnóstico. Internado há cerca de 10 dias no hospital, e após a realização de muitos exames que procuravam de A a Z as razões para uma anemia ainda inicial e um pequeno coágulo expelido ainda em Brasília, aguardávamos a palavra final da equipe médica. Ele ainda em exames e eu na sala de espera do andar da oncologia, quando recebi um telefonema de uma amiga querendo notícias dele. Lembro como se fosse hoje, ela a me dizer: "Os médicos vão dar nome e sobrenome ao que encontrarem e saiba, te dirão mais, vão brincar de Deus, te dirão quando ele vai morrer, vão dizer os meses de vida que ele terá... e sabe o que você tem que fazer nessa hora? Sabe mesmo o que você tem que fazer? Não acredite! Não acredite! Só Deus sabe o que será de cada um de nós e quando será a nossa morte. Não acredite!".

Naquele mesmo dia, as médicas vieram a meu encontro e tal como previsto, me deram o nome e o sobrenome do câncer em estágio muito inicial que haviam encontrado: Angiosarcoma da Aorta Abdominal. Inevitavelmente, o levaria em 6 meses ou no máximo em 1 ano, porque tratava-se de um tipo raro e de muito alta agressividade. Não estava ali há mais de 2 meses, e já havia causado metástase nos ossos e no pulmão.

Não acreditei. Foi exatamente isso que fiz com essa informação. Registrei apenas o nome e sobrenome da coisa, mas com a certeza de que ele não iria no tempo estimado. Em assim fazendo, parecia que aliviava o meu sofrimento, sentia-me mais leve, mais confiante, e assim prossegui. Caí na armadilha, sem me dar conta. Prossegui de peito aberto a enfrentar o que quer que tivéssemos pela frente, e a correr de um lado para o outro, e tratar de cuidar de todos os assuntos decorrentes com certa desenvoltura e confiança, que de alguma forma chamava a atenção. Nesse mesmo dia, ainda no hospital em São Paulo, recebi a visita da madrinha de meu filho, que estava de passagem pela cidade, e procurava por notícias. Visitou meu marido, falei que estávamos na nossa "casa", na nossa casa de saúde em São Paulo, afinal tanto os médicos como os hospitais em Brasília não nos davam o acolhimento que ali tínhamos depois de tantos anos de acompanhamento e duas cirurgias para transplante da válvula mitral cardíaca. Aflita por notícias, transmiti a ela na porta do hospital o nome da coisa e o tempo estimado pelos médicos, 6 meses a 1 ano, sem me alterar... não acreditava. Só lembro do olhar dela fixo no meu rosto, sem entender a minha reação.

Seguimos avançando, o que temos que fazer, como fazer, onde fazer, tomando decisões, agindo como o requerido na realização de outros tantos exames e na busca por tratamentos, sessões de quimio e remédios e mais remédios que buscassem aliviar as dores, que eram muitas e o deixavam paralisado, com os punhos cerrados, como se tentasse segurar fisicamente a dor pelas mãos. Bem, o desenrolar foi tal como o esperado, e a tal amiga na porta do hospital continuava a tentar me mostrar o que estava por vir. Ela mesma buscou se informar com outros médicos conhecidos em Brasília, e queria que eu os visitasse, sozinha, para que eles me dissessem o que estava por vir. Mas, não aceitei, não precisava, eu sentia-me confiante e segura com a decisão tomada, de não acreditar no Tempo. Seguimos... as coisas foram se complicando como esperado, as dificuldades físicas de locomoção, a fraqueza, a prostração, as dores ainda maiores, até que em um outro momento, já vindo do médico em Brasília, ouvi que tínhamos semanas pela frente.

Não dava mais para não acreditar, e a tal força que tive em seguir adiante como se tudo fosse desaparecer um dia, não era mais possível. Aí eu caí, somente aí, depois de horas sozinha em prantos no carro estacionado na frente do prédio. Aí eu percebi que o perderia, e o perderia para sempre, e que seria logo, muito logo, logo ali. E minha atitude foi querer encontrá-lo e repartir com ele, pois finalmente eu entendi... Não mais o encontrei, ele já estava prostrado demais, sem chances sequer de falar, na verdade, com poucas chances de respirar. Porque para além das dificuldades e restrições já impostas pelos pulmões densamente afetados... incontáveis nódulos já encontrados... iniciou com cinco; para além disso, contava ainda com um soluço constante 24x7, pois havia um nódulo que se criou e desenvolveu sobre o diafragma, provocando incessante soluço. Quando conseguia falar, juntava no máximo duas ou três palavras, quando então me disse: "Você me abandonou!". Ela já deitado na cama, consegui terminar de dar a comida pra ele, colherada por colherada, eu em prantos diante do que ouvi, e o olhar dele distante e esmaecido, se esvaindo.

Daí até o final foi um pulo, e tudo se desfez. E a tal armadilha em que caí e que parecia me proteger e me fortalecer para o enfrentamento do dia a dia, ao final me traiu. Não me despedi. Não me despedi. Não me despedi. Nem sequer me justifiquei, me expliquei, não me perdoei. No entanto, mais tarde senti que fui completamente compreendida! Mas, essa é uma outra história.

Tentaram me avisar!

Tentaram me avisar, sim! Hoje, com o olhar em perspectiva, entendo que tentaram me avisar, me falar para parar de agir de forma tão objetiva e racional. Hoje percebo que agia como um trator, passando por cima das emoções, a favor de uma ação absolutamente ágil e rápida, como se fosse possível dar respostas imediatas, claras e objetivas para os problemas tão mais intensos na alma e no coração. Me perdi nesse movimento de providenciar o que fosse necessário, os remédios sempre comprados na hora, a lista de medicamentos em papel amarelo sobre a cabeceira, sempre atualizada a cada telefonema ou novo encontro com as médicas, os exames agendados com antecedência, as passagens compradas para a ida à nossa "casa de saúde"... Mas, faltou o essencial, compreender que tudo estava se desfazendo em um tempo bem menor do que o que eu esperava ou confiava existir.

Tentaram me avisar! De várias formas, e uma delas foi impressionante, e nem assim caí em mim. Foi no aeroporto em Brasília, aguardando a chamada para o embarque em um local determinado para pessoas com dificuldade de locomoção. Ele já não conseguia andar com desenvoltura, e em aeroportos o único jeito é o uso da cadeira de rodas. Assim, aguardávamos sentados em um local reservado, um ao lado do outro. Olhei ao redor e o aeroporto naquele final de tarde já estava lotado, saguão superlotado, com pessoas circulando sempre apressadas de um lado para o outro.

Foi ali, em meio a esse mar de pessoas, que avistei uma senhora alta, muito bem vestida, que cruzava aquela massa de pessoas em linha reta, com o olhar fixo em nós, veio em nossa direção. Olhou para mim, ainda sentada, e me perguntou: "Você sabe me dizer onde fica o banheiro mais próximo?". Respondi prontamente apontado para a direção de um deles logo ao nosso lado.

Ela agradeceu e sumiu novamente no meio do saguão. Nesse momento me levantei e fiquei em pé em frente ao meu marido, com o meu assento ao lado dele agora vazio. Em poucos minutos, a mesma senhora estava de volta ao nosso lado, e nos disse: "Deus não iria me permitir entrar naquele avião sem antes conversar com vocês. Posso me sentar?". Prontamente, me afastei dando lugar àquela senhora, que se sentou ao lado de meu marido e disse: "Posso colocar a mão sobre o seu corpo? Quero sentir o fígado". E ainda sem entender o que se passava, permitimos o movimento dela, que logo disse: "Seu fígado está limpo, está curado, você está com o fígado saudável". Sorriu para o meu marido e depois para mim, se levantou e foi em direção ao portão de embarque. Eu então o abracei, feliz em ouvir o que ouvimos, ele ainda mais, dizendo "Estou curado!". E quando então sentei-me novamente no assento ao lado dele, ponho meu olhar no horizonte e vejo novamente aquela senhora, parada, imóvel, no meio daquela correria de gente pra todo lado. Ela ficou com o olhar fixo em mim, me levantei na mesma hora, e fixamos o olhar uma na outra. Meu pensamento era: "O que será que ela ainda quer me dizer? Algo sobre mim? O que mais ela quer me dizer?" Olhei atenta, como se tentasse ouvi-la... permanecemos assim por uns instantes, olhares fixos, até que ela se virou e seguiu adiante para o portão de embarque. Seguiu sem caminho e entrou no avião, tendo antes cumprido o que sentiu que Deus lhe havia pedido.

Voltei meu olhar para o meu marido, e comemorei com ele o fato de termos ouvido tudo isso dela, parecia um forte sinal de esperança e vida para além do que eu já contava. Eu sabia que após o avanço da doença sobre os ossos e o pulmão, e ainda outras áreas, aguardávamos por saber quando iria progredir para o fígado; e agora sabíamos que esse não estava comprometido. Já em São Paulo, compartilhamos com as médicas o encontro no aeroporto, a nossa surpresa e alegria em ouvir tudo isso daquela senhora. E, de fato, foi confirmado pelos exames que o fígado não estava afetado. No entanto, essa não era a questão central, uma vez que a doença avançava. E hoje, com esse olhar em perspectiva, vejo que essa foi mais uma chance que a vida me deu para que eu realmente melhor avaliasse o que estava por vir, e especialmente, como agir e como modificar o meu modo trator de agir sobre os fatos. Conversei com várias pessoas sobre o ocorrido, mas somente anos depois, ouvi de uma amiga: "Como assim, você não percebeu que ela queria te dizer que ele morreria e que seria em breve?".

Não, nem assim percebi a armadilha na qual eu tinha me metido... não acreditei naquela coisa de meses dita lá no começo, não acreditei que em tão pouco tempo eu o perderia, e também não acreditei quando essa senhora generosa e polidamente mais uma vez quis me dizer... Atenção! Olhe ao seu redor! Perceba! Entenda! Pare de agir como trator e sente-se ao lado dele só para abraçá-lo, acariciá-lo e beijá-lo! Só depois, quando então me diziam que "em poucas semanas" ele não mais suportaria, eu de fato percebi que o tempo escorreu entre os meus dedos, foi.

A expressão da dor e a bicicleta

Dos livros de cabeceira, há um que me acompanha desde os 49, aliás, nem é mais o mesmo, porque de tão importante para mim, fiz questão de compartilhar. O primeiro foi presente de uma amiga do escritório muito atenta que soube me oferecer exatamente o que eu mais precisava, um pouco de clareza e entendimento que pudessem me servir de consolo. O segundo comprei em Brasília, também já repassado; e, agora mais uma vez adquiri mais um volume para me acompanhar nesse momento de cura terapêutica. A energia na leitura desse livro – "Quando tudo se desfaz – orientação para tempos difíceis" da monja budista norte-americana Pema Chödrön, já circulou várias vezes, não apenas entre as diversas pessoas com quem compartilhei, mas até mesmo frente às minhas próprias diferentes emoções ao ler e reler em momentos tão diferentes.

Cada releitura, no todo ou na parte, me permitiu encontrar pontos importantes para refletir. Na primeira leitura, foi extremamente importante encontrar conforto no entendimento da impermanência das coisas, onde não dá mais para continuar resistindo ao fato de que as coisas terminam, passam, não sendo possível ignorar a impermanência e a morte; ao mesmo tempo em que é absolutamente necessário sermos bondosos com nós mesmos. Aprendi que é preciso "deixá-los ir", com certa leveza no coração (dura de se alcançar), certas de que não temos o controle e com a emoção de que sempre estaremos juntos de alguma forma. A leveza no coração se apresenta quando entendemos que não é mais possível prolongar o sofrimento do outro e de que na verdade não fizemos nada de errado para sofrer, pois afinal não há nada de errado em sofrer. Os caminhos a serem percorridos envolvem perdas, e essas perdas também me trouxeram outra certeza, de que o amor só cresce e a saudade é sempre uma bela maneira de celebrar e honrar esse amor.

O que me faz lembrar de um outro texto que me foi particularmente importante nessa mesma época, intitulado "Um menino, seu pai e sua bicicleta" de Marcelo Rittner e Scott Freid, que diz que "a morte acaba com uma vida, mas não acaba com uma relação". Relata o momento em que o pai ensina o filho a andar de bicicleta sem as rodinhas laterais, "uma bicicleta vermelha com campainha prateada aparafusada no guidão... o pai começa a empurrar a bicicleta, uma mão no selim e outra no guidão, empurrava pela rua ladeira acima; e, ao chegar ao topo da rua, ele não está mais lá, apenas o menino, olhando para trás e gritando 'por que me soltou? preciso de você aqui, preciso de você para não cair!'; e tudo que ouve do pai é 'você consegue sozinho, confio em você'. Então, mais confiantes, viramos a esquina, com a permissão para ver adiante. Sabemos que eles nos observam e nos estimulam com o sorriso em sua voz e com o cheiro de sua proximidade". Tal como dito por uma amiga, "Sentir o cheiro da proximidade daqueles que amamos é uma das magias da vida! Ainda fazem parte desta magia a saudade e a capacidade de seguir em frente, virar as esquinas, saber que o amor sempre nos acompanha, pois está presente em todas as dimensões".

Como dois lados de uma mesma moeda, para "deixá-los ir" é necessário largar as rédeas, soltar os comandos, e sem o controle das coisas relaxar na falta de chão, na ausência de base, como dito por Chödrön, "reconhecer corajosamente a impermanência", aceitar a mudança, vencer o medo, renunciar à esperança, desesperançar!" Ela nos fala do não-teísmo, onde finalmente percebemos que não existe babá com quem contar, "somos a montanha... onde as coisas vêm e vão, e ela, a montanha, permanece lá". E assim, somente após aprendermos a "deixá-los ir", no momento da mais pura expressão da dor, nos tornamos capazes de "deixá-las vir", quem, afinal? As inúmeras possibilidades de futuro, as mudanças, no plural, sim; afinal, tudo está em mudança o tempo todo, e por isso é tão importante sermos amigos de nós mesmos, ao sentirmos o chão que continua se movendo sob nós, e onde finalmente entendemos o propósito do caminho. De um lado o medo e a esperança que andam sempre juntos; e, do outro lado, a renúncia à esperança, para vencer o medo e pela falta de controle, pela desesperança, ir ao encontro da nossa própria confiança, aquela que sempre esteve lá e nos permite controlar os pedais agora ladeira abaixo e ver mais adiante, mirar o horizonte, o caminho a percorrer. "A esperança e o medo são duas faces de uma mesma moeda, e o mesmo ocorre com desesperança e confiança". Relaxar na falta de base é o primeiro passo do caminho; e se trilhamos o caminho na expectativa de conseguir a esperança, significa que não compreendemos o seu propósito.

Rogo aos céus que eu tenha aprendido de vez ao menos essa lição. O quão importante é deixá-los ir, para assim, finalmente, deixá-las vir!

Em "Assim falou Zaratustra", Nietzsche afirma: "o homem é uma corda, amarrada entre a besta e o capataz. Uma corda sobre um abismo. É perigoso atravessar, é perigoso prosseguir, é perigoso olhar para trás, é perigoso tremer e parar. O que é grande no homem é o fato de ele ser ponte, e não um fim". Tal como dito, "ali estamos nós, no meio, a meia distância do começo e do fim". Para então concluir: "a pessoa só é livre quando pode dizer com sentimento: eu não sou o que me aconteceu, eu sou o que escolhi ser; eu não sou os papéis que eu represento, eu sou minha jornada; eu não sou uma experiência limitante, eu sou o poder criativo do meu potencial".

Que venham todos os caminhos e todas as escolhas! Sigamos adiante com a confiança em nós mesmas! Celebremos a vida e suas infinitas possibilidades! Na certeza de que, tudo está em mudança o tempo todo! E fazer amizade consigo mesmo é não fugir e voltar ao essencial, não importa o que aconteça.

Sussurros, visões e sonhos

Sussurros, vozes soprando nos meus ouvidos ou ainda visões, borrões, vultos que passam de um lado para o outro, ou às vezes mais do que isso. São sempre momentos entre o acordar e o dormir ou entre o dormir e o acordar, você sabe que está ali, mas ao mesmo tempo não está. É confuso, você é capaz de se perceber no contexto real e ao mesmo tempo são outras pessoas ou outras situações que te rodeiam ou chegam ou passam ou correm à frente dos seus olhos.

Lembro claramente de situações ainda durante o avanço do câncer em meu marido, em que recostados no sofá, eu percebia uma forte movimentação no corredor da casa. Eram muitos, dezenas, inúmeros os vultos que via passar no corredor, corriam de um lado para outro, velozes, e sempre juntos, correndo contra o tempo. Outras vezes, acordava com sussurros, vozes que chegavam aos meus ouvidos, mas que nem sempre as entendia. Sim, muitos eram os que cuidavam dele, vindos de várias tribos e diferentes aldeias. Sentia que ele estava sendo cuidado, sempre com muito zelo e, de alguma forma, também me acolhiam.

Muitos meses após a passagem de meu marido, já no ano seguinte, veio a data do seu aniversário. Não quis chamar a atenção para isso, na verdade, nem sempre estou alerta a essas datas e gosto de sentir que minhas lembranças existem para além desse calendário. Sabia que o dia havia chegado, e como era o primeiro e em um final de semana, não quis chamar a atenção de meu filho e o que fizemos foi passar o fim da tarde e início da noite na casa de amigos, como fazíamos com frequência. Saímos de lá, já tarde da noite, e pela distância até nosso apartamento, era inevitável entrar na garagem, estacionar o carro e perceber que meu filho estava já deitado e dormindo sobre o assento de trás do carro. Ainda dava conta de carregá-lo em meus braços, ou até mesmo o acordava de forma leve apenas para que eu conseguisse dar passos adiante, sem nem sequer perceber onde estava ou quem estava ao seu lado. E assim foi, levei meu filho para cima e o coloquei na cama, luz apagada no quarto e o sono profundo chegou pra valer.

Saí do quarto e fui eu me preparar para dormir, quando vi que no chão do escritório havia uma pasta aberta e algumas fotos. O que mais me chamou a atenção era que as fotos, talvez 4 ou 5, todas de nosso filho, estavam dispostas no chão alinhadas em forma de arco. Sim, foram ali cuidadosamente arrumadas. E aquela pasta plástica, que talvez abrigasse aquele conjunto de fotos que estavam sob o gaveteiro da mesa do escritório, em uma lateral que não podia ter sido trazida pelo vento. Vento que não existia, pois a janela estava fechada.

Eu não tive dúvidas! Ele tinha estado ali e deixou propositadamente aquelas fotos espalhadas, ou melhor, ordenadas no chão, todas viradas para o mesmo lado, dispostas em arco. E aí eu não sabia o que fazer, entendia que havia um recado pra mim, entendia que ele ali esteve, quis me chamar a atenção para isso e talvez quisesse me dizer alguma coisa, queria me ouvir ou queria falar; na verdade, queria e se fez presente, naquele dia de aniversário que não comemoramos.

Fui pro telefone e logo descrevi a cena para uma amiga, com quem estive pouco antes de retornar para casa. Ela se assustou de alguma forma com o que contei, achou que eu poderia estar intranquila e não teve outra reação, senão pegar o carro e ir ao meu encontro. Em lá chegando, confirmou comigo a minha impressão; sim, ele esteve ali, sim, as fotos foram retiradas da pasta plástica, e sim dispostas ordenadamente em forma de arco sobre o chão. Sim, ele pareceu querer falar comigo! Na verdade, eu nunca o senti distante, ele sempre esteve muito próximo do meu coração e sempre presente nas minhas lembranças e nada poderia tirar isso de mim.

Mudamos de casa para um outro apartamento, mudamos a mobília e os arranjos internos na casa nova, e fomos meu filho e eu vivendo nosso dia a dia de escola, trabalho e sempre muitas atividades extras, sempre com amigos. Seguiu o tempo, voou, nossos destinos foram nos colocando outros desafios, como a possibilidade de morarmos fora do Brasil, nova vida, novo recomeço, novas aventuras, novos medos.

Sim, esse novo desafio me assustou. Era tudo o que eu queria e o que parecia ser inevitável no meu caminho. Mas, como ir para o exterior com um filho de 10 ou 11 anos, sem contar com meu marido? Não era possível nem sequer imaginar essa possiblidade, em face do cotidiano de viagens e de demandas de casa a vencer sem a ajuda de alguém. Bem difícil imaginar como fazê-lo, como ir só para fora do Brasil, assumir nova função no escritório, com um filho pré-adolescente? Enquanto essa nova oportunidade se desenhava, pensei que poderia contar com minha mãe, ela sempre me disse que iria comigo; ou, talvez com meu irmão, que chegou a renovar seu passaporte, mas sofreu um infarte fulminante semanas antes do meu embarque. Não havia alternativa senão irmos apenas meu filho e eu. Assumi este desafio na minha carreira, sem sequer imaginar como poderia ser possível. Não contava mais com meu marido do meu lado, meus sogros também se foram, assim como minha mãe e meu irmão; foram tantas perdas ocorridas em um curto espaço de tempo. E ainda, assim, lá fui eu! Mas, não sem antes passar por uma experiência incrível, quase inacreditável.

Poucas semanas antes da minha viagem, e repetindo um padrão de noites em claro, mal dormidas e com mil pensamentos e devaneios de todos os tipos e cores, me percebi em mais um daqueles momentos entre o dormir e o acordar em que tomo a iniciativa de me levantar e sair da cama... Mas, estranhamente não pelo lado da minha cabeceira, eu sai da cama passando por sobre ela e sem a tocar, na verdade eu me via em um redemoinho saindo de dentro do meu abdômen e flutuando sobre o chão em direção à porta do meu quarto. Por algum motivo, fui atraída para o banheiro do corredor, e parei exatamente em frente à porta. Ali parei e vi a luz acesa, e dentro do banheiro estava ele, meu marido, recém saído do banho quente, o espelho ainda coberto de vapor, e ele de cueca preta, como sempre vestia, e sua toalha branca enorme sobre as costas a secar o seu corpo. Ele percebeu a minha presença e sorriu, de forma singela e alegre, e voltando o seu olhar para o corpo dele e a toalha, continuou a fazer o movimento dos braços com a tolha na mão a se secar.

Poucos segundos depois, ele voltou o olhar para mim e somente aí percebeu que eu o estava vendo. Parecia que na verdade isso já havia acontecido várias vezes, ou seja, ele sempre me via de lá pra cá na casa, mas eu não o via. E, no entanto, nesse dia, eu o estava vendo pela primeira vez, inteiro, sorrindo, feliz, cheiroso com o banho recém tomado, naquela que era a sua atividade diária naquela casa. E aí, quando de fato nos olhamos, olho no olho, ele abriu um sorriso enorme, feliz e acolhedor, como todos os seus sorrisos, e esticou as duas palmas da mão pra mim, e me disse: "Você conta comigo, conta comigo, estamos juntos!". Bati também minhas mãos nas palmas dele, e ele na sequência me abraçou forte, muito forte, abraço gostoso, aconchegante e libertador, me perdoou! E assim, abraçados, ele me levou para fora do banheiro, para o corredor e fez comigo o que eu fazia com ele... começou a dançar comigo ao longo do corredor, cantarolando um bolero da Tânia Alves, até me levar para o meu quarto, quando então eu senti uma batida forte, até mesmo um barulho... na verdade, era o meu corpo sendo que como jogado de volta pra cama! Até que eu me acordei, agora de verdade, muito assustada, com o coração na boca, super acelerado, e sem conseguir respirar, buscando o ar, eu percebi que havia "n" razões mais uma para estar assim...

Nesse momento, me senti completamente compreendida, acolhida e ainda mais amada por ele, recebendo dele mesmo a confirmação de que eu não o havia abandonado, e que a mim não cabia nenhuma culpa, nada do que se arrepender, apenas a certeza de ter vivido um amor eterno e verdadeiro. A morte não é mesmo capaz de acabar com uma relação. "A morte não é nada", como diz Santo Agostinho, "eu só passei para o outro lado; e, você que aí ficou, siga em frente".

Na manhã seguinte queria entender o que afinal havia acontecido, como assim? Será mesmo possível? Com que forças? Com que energia tão intensa isso poderia acontecer depois de tantos anos da passagem dele? Amigos com quem falei, nenhum deles deixou de acreditar em mim, mas me perguntavam, "Mas, nesse sonho... você estava no antigo apartamento certo?". Não, não foi, foi na casa nova. No final de semana seguinte consegui me consultar em um centro espírita, e tudo o que ouvi foi literalmente: "Ele veio te dar um salvo conduto! Por isso ele veio! Mas, agora, moça... vá! Vá, moça, vá!".

O Tempo agindo em mim

Clarisse Torrens Borges Dall'Acqua

Vá, moça, vá!

"Vá, moça, vá! Vá!". E foi nesse passo que segui adiante, assim mesmo, com esse ar de pressa e de medo, atendendo a uma chamada e correndo atrás do bonde que já estava passando. Deixei o Brasil e me impus um novo desafio, viver fora do meu país e com todas as mazelas que isso nos traz.

Tão bem interpretado nesse processo, esse passo entre rochas... "Nós, as cabras, para conseguirmos andar nos planos inclinados de rochas que se despedaçam ao peso da nossa passada e que, por isso, precisamos saltar rápida e certeiramente para a rocha seguinte, e a seguinte, e a seguinte e a seguinte, muitas vezes estamos tão concentradas que esquecemos de ver, de olhar com o coração. Só vemos o plano muito inclinado, as rochas que não nos sustentam e a necessidade de, ainda assim, seguir e chegar no topo da montanha. Não dá tempo de nada além de manter a intensa concentração, o foco. Eu sei que as pessoas que convivem conosco se ressentem dessa coisa meio *one track mind*. Mas elas também compartilham do nosso caminho e do fato que, a cada passo a gente calcula e resolve um salto após o outro. E elas, as pessoas, ao final, compreendem, visualizam e o ressentimento se dissolve. Eu sei que, mesmo assim, a gente se cobra por não ter tido a capacidade de ser mais perceptiva, mais emotiva, mais sentimental, mais empática, mais acolhedora...".

Sucessivos passos entre rochas, muitos ainda no Brasil, outros tantos já percorridos aqui. Perdas, perdas e perdas, sucessivos lutos e outras tantas lutas enfrentadas. E não houve tempo de nada... só o plano inclinado, as rochas que nos sustentam e a necessidade do passo seguinte. E mesmo para nosso próprio entendimento, há essa necessidade de se olhar em perspectiva para entender cada movimento e o seguinte e o seguinte e o seguinte. "Para que serve a utopia? Caminhar, caminhar!". E, quando se chega lá, dá-se mais dez passos e alcançamos dez passos adiante no caminho... e miramos o horizonte e é pra lá que vai o nosso olhar e nossos próximos passos, e outros e outros e seguimos. E o Tempo não para! Voa! E foi.

Aqui, desde a chegada, foram muitas as decisões difíceis que foram tomadas. Viemos por um período determinado, um ano ou talvez dois, e nem por isso menos temerosos. Com menos de um ano, a vontade de permanecer, o bonde a passar, a chamada para o próximo posto, o passo mais adiante, e seguimos adiante, firmando ainda mais nossa presença no desconhecido, no por vir e aguardando o próximo passo.

Sim, só mesmo esse olhar em perspectiva para nos permitir visualizar os passos, as rochas, "o calcula e resolve de um salto após o outro". Tão bem interpretado ao longo desse processo... e que me trouxe conforto por ser de alguma forma entendida e acolhida. E por outro lado, angústia por reconhecer essa sucessão de passos rápidos que nos leva... pra onde mesmo? Por quê? Qual a razão? E, afinal, e... "essas pessoas que convivem conosco... compartilham do nosso caminho... compreendem, visualizam..." o quê mesmo? Somos o caminho per si, ou são as relações com as pessoas que nos fazem? Um eu já perdi, aliás, vários eu perdi pelo caminho. E tenho ainda alguns comigo, um de forma muito especial, a tal "obra de Deus" de que falei lá no começo. Tão precioso pra mim, tão único e de fato único. "O ressentimento se dissolve", sim, é verdade, até mesmo aqui e agora há esse entendimento. Mas, e "a capacidade de ser mais perceptiva, mais emotiva, mais acolhedora", fica aonde agora?

Não dá para repetir, é urgente evitar os erros e as armadilhas, que nos levam a saltar de rocha em rocha, tal qual um trator. Perceber-se nesse estado e seus gatilhos é uma descoberta necessária. O que é que nos move adiante com esse padrão de comportamento? Ambição? Chegar ao topo da montanha? Pra quê? Por quê? E aqueles que ficam no caminho? Os que compartilham conosco o caminho, não nos importam?

É ambição? Desproporcional, exagerada? Não! Aprendi que é o caminho!

O DNA *da alma tatuado no céu*

Já faz um tempo que busco me entender, e nesse ano de maior reclusão procurei alguns amigos dizendo que eu gostaria de escrever, sem ainda muita certeza sobre o que escrever, mas com o propósito de colocar algumas coisas para fora. Recebi algumas negativas, até ouvir minha amiga cabra me encorajando a prosseguir; e, assim comecei a escrever textos, tal como se fossem cartas, compartilhando-os com ela a cada momento e ansiando pelas reações, sempre provocadoras. Chamei de "conversas de adolescentes", me sentindo completamente abraçada e acolhida por ela, muitos dos sentimentos ou eventos já eram conhecidos, outros foram inéditos. Fui me revelando por inteiro e despejando minhas emoções e sentimentos desde as primeiras cartas. Parece que não foi difícil juntar os pedaços e perceber a necessidade de realização de um processo de cura, logo aconselhado, tendo como ponto de partida a leitura do meu mapa astral, feito somente agora pela primeira vez na minha vida.

Duas perguntas iniciais confirmavam que "essa sou eu", tal como disse logo ao iniciar a leitura: a primeira sobre minhas viagens e o modo andarilho de ser; e, a segunda foi na mosca: "com 8 anos de idade aconteceu alguma coisa significativa para você?". Sim, "essa sou eu, você chegou na pessoa!". Segui apresentando minhas razões para estar ali, contando que houve um conjunto de perdas recentes na minha vida, seguidas de algumas decisões difíceis, as tais escolhas que me trouxeram até aqui, mas ainda com o entendimento de que ficaram coisas pelo caminho não resolvidas.

Segundo ouvi nesse dia, "a leitura realizada teve enraizamento na psicologia junguiana e muitos entendimentos, por vezes simbólicos, estavam para além da astrologia", segundo me disse essa astróloga, outrora médica pediatra, revelando que muitos casos que ela via nos consultórios eram fruto de somatizações de desestruturas familiares, o que a levou a estudar psicologia e posteriormente astrologia, porque a medicina não era capaz de dar a ela as respostas esperadas.

Não foi difícil confirmar que há de fato uma tal "identidade tatuada no céu", traduzindo a minha alma ou o chamado "DNA da alma", identificando talentos e habilidades que tenho, mas também as dificuldades que trouxe ao nascer, até para o exercício desses talentos; assim, minha vida não depende do meu mapa. Há, no entanto, uma relação pessoal com o sagrado, com "o grande mistério" ou "a fonte primordial", tal qual a chamada para a espiritualidade, sem maiores explicações racionais, com mensagens a serem decifradas.

Quão bem me fez essa leitura de mapa astral! Indescritível, impressionante, avassalador! Como dito, "Como esses saberes não científicos conseguem identificar nossas questões com tanta precisão?" Alguém que nunca me viu, saber de mim coisas que eu mesma não sabia... por vezes nem ao menos no modo superficial, racional, objetivo, e que me fazem pulsar de emoção e anseio em me descobrir ou me revelar por completo. Livrar-me do véu que ali sempre esteve, mas que jamais tirei, sobre minha face.

Há muito a desvendar... Muitos sobrepostos tecidos, *layers* múltiplos sobre a mesma face... Tudo sempre esteve ali, e ainda está, talvez muitos já a viram ou sempre a viram coberta, cerrada, vedada, sobreposta e não desnuda.

Duas visões ou entendimentos agora surgem com muita clareza e significado. Duas facetas muito claras, nítidas à minha frente, no meu radar, não percebidas antes dessa leitura ou interpretação do meu mapa astral; talvez até mesmo as sentisse, mas eu não as decodificava, seguiam sem significado e, portanto, sem uma chamada para ressignificar. Verbo que aprendi de forma plena, ainda que tardiamente. Ou, ainda como dito durante a leitura, "não, não houve perda de tempo, houve apenas o tempo necessário para esse acontecer".

Primeiramente, esse evento ocorrido na infância foi muito mais impactante e devastador do que eu podia ou consegui compreender até então. Para mim, que só recobrei essa memória depois dos mais de 30 anos de idade... ele havia "apenas" desconstruído a minha sexualidade... e sabemos afirmar e confirmar que de alguma maneira essa ânsia pelo prazer foi absolutamente necessária, e existiu, para se enfrentar e superar e saber-se bela. Mas, as cicatrizes foram ainda mais profundas, e me marcaram em muitas das minhas atitudes e respostas e em posicionamentos desde aquela época até o tempo presente... algo ainda a superar, a ressignificar, a compreender e a superar.

Alterou o meu ser e o meu modo de ser e o meu modo de me expressar. Não há imagem mais explícita e esclarecedora do que dizer que "uma palmeira não pode querer parecer ou até mesmo ser ou mostrar-se ser uma minhoca, assim como um pé de alface não pode ser uma tartaruga". No entanto, é exatamente essa coisa tão banal e leviana, defesa tão simples, inevitável e tola, ingênua, impensável racionalmente, que aqueles ou aquelas que passaram por essas situações e que se sentiram mutilados... sem o próprio chão, ou sem os próprios pés que as sustentam, ou com a alma despedaçada, dilacerada, partida, sentem... Ocultam-se em véus ao tentar ser outra coisa, que não importa o quê, mas simplesmente não o são e nem sequer se parecem. Se sou palmeira, jamais serei minhoca, e vice-versa. Mas, nós, seres humanos, somos capazes de não demonstrar o que pensamos e somos e apenas existimos.

Somos capazes, por infelizes razões, de fazer transparecer o que não é e, assim, expressar aquilo que não somos, apenas um vazio intocável, impenetrável, oculto por nós e para nós mesmos. Não dá para parecer minhoca, quando somos palmeiras! Impossível, mas traduz-se apenas nas muitas armadilhas da alma que imputamos a nós mesmos como defesa ou como resposta ao medo. Medo de se expor e de não atender ao outro, não atender às expectativas do outro, de não ser aquilo que os outros (ou o que pensamos que os outros) esperam que sejamos... Armadilhas da alma, que encontram no real razões para existir, mas nem por isso nos matam o desejo mais legítimo de sermos o que somos... e somos muito, somos a soma de todos os nossos talentos e nossas dificuldades, que ainda surgem, insistem, resistem às nossas negativas de alma para escondê-las sob o tapete da porta de entrada do nosso ser.

O medo nos tomou um dia e não mais nos largou! O medo foi tão profundo e invasivo em nosso ser que não nos permite ser como somos, não nos permite expressar os nossos desejos mais legítimos, reais e selvagens.

O medo falou mais alto um dia, e lá permaneceu, ecoando seu rugido de incapaz, de vulnerável, de não merecedor, de não penetrável, de muralha da alma, nos fazendo se esconder de nós mesmas. O medo gritou fundo na alma e lá se enraizou, mas terá que sair e encontrar outro lugar, porque esse não mais me pertence, não mais poderá me provocar ou me armadilhar, ou me sabotar. Não vou permitir que ele vença, ou ao menos não mais me espreita sem ser convidado, para aqueles especiais momentos de reflexão e análise que serão necessários para fazê-lo recuar, apagar ou ao menos silenciar no mais profundo das nossas gavetas interiores.

E aí surge o segundo sentido muito nítida na leitura do meu mapa astral. Eu sou capaz de me transformar, minha objetividade me trouxe vitórias e conquistas importantes, soube agir da melhor forma para construir um reino objetivo, e se souber me juntar à minha tão esquecida subjetividade, poderei ser reintegrada, tornar-me inteirada do meu ser completo, com alma objetiva e alma subjetiva nítida e duplamente reconhecidas. Preciso, tenho, procuro, anseio por essa inteireza de alma, a ser reconstruída depois de dilacerada e partida. E, a partir daí, me transformar de tal forma inteira e completa, que poderei ter tão somente o poder de transformar o outro ou o mundo... e aí reside a minha ambição!

Há um chamado celestial para esse momento, não perca, insista, persista, descubra, revele esse segredo ao seu ser e aos outros, transforme-se e terás o poder de transformação. Conheça-se por inteiro e poderá dar ao outro o poder de conhecer-se por inteiro, toda alma e todo ser, por meio do partilhar, do compartilhar, do escrever, do traduzir, pelo poder das palavras em mim e no outro... pela transmissão de conhecimento, sejamos essa janela ao sol, que permite a entrada da luz que tudo ilumina e faz florescer. Que eu me permita invadir por essa luz, por esse sol e assim fazer transformar o meu e o seu mundo de forma tão inteira e real.

Que eu possa, por mim e pelo outro, que eu possa traduzir em palavras escritas esse processo de cura e de transformação pessoal, que de individual não tem muita coisa, embora pessoal, que de local possa ser global, que de meu possa ser seu também, e assim, acessível a todos os seres e eficaz, efetivo e pleno na sua intenção e no seu resultado.

Se tudo aquilo que vivi (ou vivemos) não pôde ser evitável, que seja transformável e empoderador. Se não foi evitável, que seja inaceitável sua permanência em nós e, portanto, transformador! Sejamos todas belas borboletas!

O expurgo necessário e nauseante

Uma segunda leitura do meu mapa astral foi feita por uma outra astróloga pouco menos de dois meses de diferença da primeira. Iniciou-se da mesma maneira que a anterior, confirmando o abuso sofrido na infância. Foi uma interpretação muito parecida com a primeira leitura, afinal não havia por que ser diferente, apenas de modo mais cru, mais concreto talvez, mas igualmente profundo.

Pontuou temas que foram muito relevantes e reveladores para mim, como afirmar que meu marido cumpriu com seu carma, pois "precisava morrer na família que construiu", que o que houve entre nós ao final foi especialmente uma "desconexão física, mas que em momento algum faltou amor, troca ou cumplicidade, e o que houve na verdade foi uma libertação". Ainda sobre perdas, falou da passagem dos meus sogros, "que eram puro amor", e da partida de minha mãe e meu irmão "que possuíam a mesma luz". Afirmou que todas essas perdas ocorreram no tempo certo, e que eu celebre sempre a vida deles e o merecimento de ter feito parte dessas vidas. Concluiu dizendo ainda que meu irmão, que morreu por um infarto fulminante, foi na verdade "poupado de uma morte violenta"; ele realmente enfrentava estrada diariamente, pois morava em uma cidade e trabalhava em outra.

Mas o grande foco da conversa estava nas "marcas físicas fortemente gravadas no meu corpo" que me fizeram agir sempre na defesa. As tais marcas físicas, antes identificadas pelo *Rolfing* aos meus 35 anos de idade; e, há apenas dois anos, também percebidas por uma amiga de infância, bastante espiritualizada; memórias físicas no corpo que ali permaneciam.

Contou que tenho uma "estrela de sobrevivência", que certamente contei com a "providência divina, tendo sido espiritualmente protegida". Segundo ela, meu avô materno teve uma chance para se redimir, não queria fazer o que fez, mas não resistiu agir. Seguiu dizendo que ele "destruiu a vida dos meus tios, agindo na pedofilia, sem amor, sem respeito e sem cuidado com o outro". Que ele soube usar da sua fragilidade, a cegueira (não absoluta), para me fazer sentir "cúmplice e objeto" e que depois do ocorrido "ele definhou e passou os últimos anos enfrentando penosamente seus próprios fantasmas". De fato, conversando com minha irmã, ela ainda se lembrou que nessa mesma época, ele sofreu uma queda durante o banho em nossa casa, não mais tendo retornado para Brasília.

A partir daí, ela me pediu para descrever em detalhe todo o ocorrido. Onde estava, Brasília, asa sul ou asa norte, apartamento ou casa, em que andar, como era o apartamento, quantos cômodos, como era o meu quarto, onde ocorreu, por que fui ao encontro dele, a saleta de TV onde havia dois sofás cama junto à mesa quadrada de mármore branco, a janela, a porta, como me sentei ao lado dele, por que fui até lá, com um livro na mão no intuito de ler, qual era o livro, a exata posição em que eu fiquei, deitada ao lado dele, como ele estava, como fui encaixada entre seus braços com movimentos restritos, como fui tocada, quantas vezes, o que aconteceu, o que senti e, por último, me perguntou: "Como você saiu dali?". Não soube responder, não lembro, não sei dizer! Rompi em um choro incontrolável, estridente, gritado, soluçava, muito mexida com toda essa lembrança em detalhe.

Meu choro não foi contido, foi gritado! Meu choro não foi às escuras ou sem testemunhas, pedia socorro, pedia proteção, pedia aquela proteção que faltou! E meu choro não foi um só, foi completo, foi catarse! Foi o choro que não houve naquele dia ainda criança, quando não contei! Foi, ainda mais forte, um choro de protesto! Basta, basta! E, acima de tudo, foi necessário e me serviu como instrumento para o traduzir de emoções de uma menina de 8 anos, que apenas aos 56 soube expressar, não o ocorrido, não o fato, não o pensamento, mas a emoção tão negativa sentida naquele dia.

Fiquei arrasada, transtornada com essa talvez regressão, que não me trouxe nada além de um choro gigantesco, um choro de protesto, como há muito não fazia, parecia tentar expelir, cuspir, vomitar um sapo preso na garganta. Me remeti àquela forma física em que me percebi após a passagem de meu marido: um nó enorme na garganta que me sufocava, uma dor intensa no peito, como a de uma faca cravada no corpo e os joelhos semidobrados pelo enorme peso sentido nos ombros.

Nessa noite, conversei longamente com minha irmã, e comentei o quão eu sempre admirei meu avô, por ter sido a "figura ícone" da nossa família, um contador de histórias, um homem sempre muito bem humorado, que nos fazia rir a todos com suas longas conversas, sempre como figura central na roda entre amigos.

Uma destas histórias foi relatada em um diário de bordo, que tive comigo por muitos anos, que conta que ele foi convidado para integrar como telegrafista uma das missões Rondon. Descreve a viagem de navio desde o porto no sul do país, as paradas em vários portos ao longo da costa brasileira, até chegar a Belém e a partir daí percorrer em barco os rios Amazonas e Madeira, até a instalação do primeiro telégrafo na região. Lembrei-me de uma bengala que ele usava, e que logo depois que faleceu, levei comigo para o apartamento em que morava já sozinha em São Paulo. Enfim, muitos eram os "motivos de orgulho" que eu tinha dele, desde muito cedo, e que minha irmã diz nunca ter tido, afinal nossa proximidade e convivência foi muito maior com nossos avós paternos que com os maternos.

Não tenho mais o diário de bordo, e nem mesmo a bengala, e os inúmeros livros que compunham a imensa biblioteca no apartamento no Rio, que foram por mim levados para São Paulo e depois Brasília, já foram doados, não mais me pertencem, um desapego mais que necessário, na verdade parece ter sido vital.

Tenho ainda comigo um porta-retratos na estante da sala com meus avós ainda jovens, talvez recém casados. E o mais significativo para mim, uma cartinha minha escrita para o meu avô materno no início do ano de 1971, que foi guardada, certamente pela minha tia, dentro de uma bíblia pequena do tamanho da palma da mão, que ficava na escrivaninha junto à biblioteca. É nessa carta que reside a menina que preciso resgatar em mim! Livre, leve e solta!

Mas, antes de tudo foi um ser humano, que de tão completo, tinha luz e sombra (uma sombra mais escura, mais dura, mais evidente, sim!), mas como todos nós, ser humano, e como alguns (ou tantos) outros, doente, psicopata, emocionalmente incapaz, incapaz de ter empatia pelo outro ou remorso pelo seu modo de agir, tendo se satisfeito às custas do sofrimento do outro, mas afinal tão e simplesmente deixando de ser ícone para ser humano.

Nas noites seguintes fui dormir aos prantos, completamente dominada por uma enorme tristeza e sofrimento, e com um sentimento absoluto de que tenho que ressignificar essa imagem de meu avô, e passar a vê-lo e senti-lo como ele foi, com toda sua feiura que um ser humano possa possuir, como um homem que cometeu muitas maldades e se satisfez com elas. Passei toda a semana enjoada, com náuseas constantes, tentando me livrar do que ainda está em mim e não presta!

Uma outra questão ficou comigo depois dessa leitura: "Como você saiu dali?" A primeira resposta que encontro é dizer que saí dali do jeito que cheguei, como aquela menina criança que gostava de estar ao lado do avô materno e de fazê-lo sentir-se feliz. E, certamente, saí dali ainda considerando meu avô materno como a figura icônica da família de quem todos gostavam, com sua imagem inabalada. Somente agora, 50 anos depois, após essa possível regressão eu deixei de vê-lo como herói para vê-lo como ser de sombra.

E quanto a mim? Afinal, como eu, criança, saí dali? Essa resposta foi sentida naquele mesmo dia e momento. Saí dali modificada, alterada pelo choque, pelo medo, pelo trauma e pela culpa. Saí dali como objeto, tendo sido abusada, objeto de satisfação do outro; e, tendo perdido toda a minha autoestima, a perdi inteira ali naquele exato momento. Além de perder a autoestima e o amor próprio, ganhei a culpa, toda a culpa por tudo que ocorre à minha volta, seja o que for; e, ainda, a não permissão de ser quem sou. Naquele momento, eu deixei para trás a criança alegre, feliz e segura de si, e assumi a culpa pelo abuso cometido pela figura ilustre da família. E nesse exato dia deu-se a virada de chave, quando minha psique e minha mentalidade foram alteradas, assim como o meu comportamento. Como mamãe sempre disse: "Do dia para a noite você não mais me deixou te enfeitar".

Essa falta de proteção também me doeu, mas não foi desamor. Afinal, mamãe nunca soube de nada, nunca foi alertada pelos meus tios, ninguém ao redor de nossa família demonstrou alguma preocupação ou emitiu algum sinal de que ali havia algum problema. E quanto à minha avó materna, não sei dizer, ela faleceu quando eu era ainda um bebê e as lembranças trazidas pela minha mãe sempre foram as melhores. Mamãe nunca soube e nunca desconfiou, nada nunca passou pela cabeça dela. Minha mudança de comportamento, embora lembrada nos momentos em que ela se ressentia de eu não me enfeitar, não foi suficiente para servir como um sinal de alerta para minha mãe. E se havia pessoas ao lado que talvez soubessem, elas não falaram, não conseguiram impedir ou evitar o abuso.

Para além dessas sessões de leitura do mapa astral e desse expurgo, tão necessário, a terapia me ajudou a entender o que eu ainda podia querer da mamãe ou, afinal, o que senti que me faltou. A pergunta foi, se ela estivesse viva e você contasse a ela todo o ocorrido, o que você gostaria de ouvir dela? "Talvez uma reparação?", me perguntou a terapeuta. Não, não, respondi, afinal não foi desamor, ela nunca soube. Mas, sabe o que quero dela? Quero um abraço bem apertado, aquele abraço pleno de amor e proteção, que só mãe sabe dar, quero um abraço de mãe!

Bem, agora tenho que confessar! Abraço de mãe mesmo, aquele abraço da minha mãe eu já o recebi, quando em mais um desses momentos entre o dormir e o acordar, no sofá da sala na tarde de sábado, vejo papai abrir a porta de casa, tendo mamãe ao seu lado, sorridente e feliz. Ambos entram porta adentro, enquanto deixam um grupo grande de pessoas ainda no hall do elevador, todos vestidos de branco. E ela, mamãe, veio na minha direção com um grande sorriso, absoluto e envolvente, e me abraçou de uma forma muito especial. Foi um abraço de consolo, um abraço de proteção, um verdadeiro abraço e colo de mãe. Inesquecível a cena dos dois juntos, papai e mamãe, vindo ao meu encontro depois de terem partido. Ambos já estavam no plano de luz, onde tudo é compreendido e perdoado; então, assim que soube, ela voltou (assim que pôde!) para me abraçar, me proteger.

Clarisse Torrens Borges Dall'Acqua

O passado não cola mais em mim

Já sinto, já sentia em mim e agora pulsa, salta, pede... e o recado parece ser como um ultimato, aquele definitivo! "O que passou, passou. Olhe para frente!". Isso, assim, tão e simplesmente, aquilo que buscava logo após o início da pandemia, ao falar com amigos sobre sentir-se fechando um ciclo, agora parece completado pelo cosmos, é o universo mandando o seu recado e eu que tenha a humildade e a felicidade de ouvi-lo e acatar a ordem... passou, olhe para frente!

Seguimos, sigamos, sigo! O tal olhar em perspectiva me ajuda a compreender que tais e quais passados me trouxeram até aqui, e o porquê desta e não de outra forma não mais me importa; apenas reconheço para que me serviram e o chão que deram para seguir caminhando. Mas, quero olhar para frente e me permitir experimentar, sentir e deixar-me fluir, tal como agora sobre o teclado despejo meus pensamentos, sentimentos e emoções. Foram homens importantes na minha jornada, com papéis muito diferentes, o de fechar e o de abrir, o de cobrir e o de expor, o de velar em segredo e o de arrebentar no grito! Suas atitudes comigo foram absolutamente significativas e determinantes, avassaladoras. Basta, basta, já foi bastante, é suficiente!

Meu avô me fechou, me feriu, me invadiu e me calou e por tantos anos! Foram muitos anos sem voz, sem fala, sem expressão, sem esse reconhecer nu e cru, desnudo, evidente, absoluto e tão necessário de um fato e de suas geradas dores; que, agora são ressignificadas (não apenas desditas, estou me desdizendo... mas também ganham novos e verdadeiros significados) na busca do autoconhecimento e do subsequente amadurecer tão esperado e verdadeiro, de se entender, se questionar, se responder, se enfrentar e deixar-se experimentar. Basta, chega, não cola mais em mim esse passado, foi capaz de me sufocar até ouvir meu primeiro grito, e não mais me sufocará nesse novo e mais recente grito agora pela inteireza, de não mais me aceitar como um ser dividido, por agora não mais querer mostrar-se minhoca e sim fazer brotar a palmeira que existe em mim – afinal está tudo dentro de mim!

Meu marido me abriu, me desabrochou, me desvendou, me deu voz, me trouxe de volta aquele sorriso livre e solto e tenho comigo as lembranças de tão bons momentos vividos junto a você! Foram 21 anos, desde esse me reconhecer nua e crua, na carne desnuda, evidente, exposta, absoluta e tão desejosa de alegria, agora com significados absolutos, desmedidos, que você, meu marido, me trouxe desde o nosso encontro de almas gêmeas. E agora, 7 anos após a sua passagem, sinto-me ainda mais reconhecida pelo que tenho dentro de mim, está tudo aqui! Aquilo que pareço ter buscado por tantos anos, está aqui junto a mim, dentro de mim, porque faz parte de mim, é um pouco de mim em mim mesma, tão pouco reconhecido e explorado ainda, mas é parte sim de mim, e aqui sempre esteve. Que venha esse ser pleno, que venha essa cura tão esperada, que venha esse ser livre, solto, leve! Não dá mais para carregar esse passado, meus ombros não mais suportam e quero me livrar de todo o peso que me inibe de voar, voar com minhas próprias asas e de tão leve me transportar para o novo, catapultada!

Permito-me, desde já! Quero essa gigante luz exterior, a luz da estrela de Belém, aquela que avistamos antes desse último Natal, me invadindo por inteiro, quero senti-la adentrando o meu ser e revigorando-me, me dando nova energia para os próximos anos de vida. Estou às vésperas de meu aniversário e sei o que estou deixando para trás, encerrando um ciclo, fechando em definitivo esse passado, e agora com a mente e o coração no futuro, no por vir, no novo ser interior, inteirada de mim, absoluta de mim, revigorada com todas as forças e com todo um por vir! Aqui inicio, de forma absoluta, essa busca pelo amanhã! Onde reinam minha inteireza, meus talentos, minhas habilidades, na busca desmedida e ininterrupta pelo meu propósito de vida, fazendo da vida um caminho para nos tornamos palmeiras!

Tirar o que não presta e sedimentar

Meu objetivo central é a cura, a cura sobre marcas e memórias deixadas no corpo físico e psíquico e avançar na busca da espiritualidade, palavrinha que me soou estranho ou ao menos difícil digitar, escrever, afirmar existir essa vontade, ou ainda melhor, essa necessidade. Entendi que há feridas a serem curadas, que surgiram na infância ou mesmo depois, sem receber atenção ficaram mais expostas ou ainda sensíveis. Romper com esse ciclo poderá me trazer maior consciência, mais atenção para comigo mesma, de modo que me perceba mais capaz de me sentir do que me pensar... o importante é perguntar-se o que eu estou sentindo e não mais o que estou pensando!

O processo que busco não implica em esquecer o que se passou, mas em ressignificar o que se passou, não mais com racionalidade, mas com sentimento. Requer uma atenção plena, deixando de lado o modo automático de agir sobre certas circunstâncias, ou ainda o modo trator que já percebi em mim por muitas vezes como uma reação imediata e certeira para um ponto de fuga distante do momento sentido.

Requer antes de tudo repassar por essas circunstâncias e situações de sofrimento, não para removê-los do meu pensamento ou da minha história, mas para passar por entre eles, perpassá-los em direção a uma consciência maior. Amar minha alma, reconhecer feridas que nasceram da falta de proteção ou em defesa de alguma coisa; e, especialmente, me restaurar por inteira, como aquela menina cheia de vida e alegria, sorridente e feliz.

Acredito que está tudo dentro de mim, o que passou e não entendi, e o que virá e saberei sentir. Está tudo dentro de mim, o começo e o fim de um processo de me explorar e reconhecer-me, não mais como esse ser inquieto, mas como ser inteirado de si mesmo, sem medo de ser feliz, sem medo do julgamento, sem medo do abandono.

Há o ressignificar o que passou e há também o ganho de novos significados, sinto que há tempos busco essa revisão, essa virada de página do que foi o passado, mas há também o abrir-se para um novo mundo, que tomara traga novos significados, sentimentos não explorados, conceitos antes ignorados e que precisam ser reconhecidos. Afinal, entender do que me defendo, sinto-me bloqueada pela culpa, pelo abuso, sentindo-me, por vezes, o motivo da falta de amor, e isso não mais cabe em mim. Ao mesmo tempo, não posso continuar bloqueada pelo medo de não satisfazer o outro, o medo de não fazer o outro feliz, o medo de que o outro não se sinta feliz com novas decisões e novas atitudes. É preciso transgredir, sair de casa, sair da zona de conforto, é preciso transgredir para crescer, romper um compromisso que pareço ter assumido na infância de que tenho que satisfazer o outro, como se fosse um objeto.

Preciso transpassar essa dor, por muito tempo inconsciente, e dar um novo significado a tudo isso, que seja capaz de alterar a minha percepção e a minha tomada de decisão e atitude. Não preciso satisfazer o outro, basta! Não preciso ser sombra do outro, basta! E não posso restringir-me à minhoca, sou palmeira! Essa é a alma que busco em mim e o pré-requisito é minha busca por cura, o cicatrizar de feridas que ficaram no caminho, e a coragem de fazer o que precisamos fazer, coragem e fé!

A tal certeza insana de que chegarei onde me proponho chegar, aquela certeza de que saberei o caminho a percorrer e vou conseguir saltar entre pedras, sem temer o abismo, rumar continuamente com o olhar no horizonte, caminhar, caminhar, e caminhar, assim chegarei ao topo da montanha e de lá vou avistar a paisagem mais ampla e sem limites que eu puder alcançar. Grito ao mundo mais esse desejo! Grito ao mundo mais essa vontade dentro de mim, grito ao mundo e a mim mesma o meu desejo mais puro de amar minha alma, renová-la, torná-la leve, tão alegre quanto aquela menina de 7 anos e levá-la ao topo da montanha!

Sigamos juntas, inteiras, meu consciente e inconsciente, meu medo e minha coragem, meu objetivo e meu subjetivo, quero-os todos juntos em mim, para esse novo olhar sobre mim mesma e assim poder ser plena, inteirada, recuperada, ressurgida de dentro de mim, reflorescida e fortalecida! Sigo com meu mantra! Quero ser árvore, enraizar no solo mesmo quando árido, crescer, resistir às estações, amadurecer, gerar fruto e deixar semente!

Que venha a inteireza!

Que venha a cura, a tal inteireza, uma busca espiritual, que eu possa me ajudar a me tornar uma pessoa melhor, sim, tudo isso e mais um pouco. Quero aprender a me nutrir, alimentar meu ser espiritual, alimentar minha alma daquilo que me aquece, daquilo que me cura, daquilo que me transforma, daquilo que me faz crescer, amadurecer. Parece ser tarde? Com certeza jamais, mas creio que no seu tempo, no tempo pedido por mim, no tempo do grito. E, ainda, na certeza de que não há tempo perdido, pois muito foi vivido até aqui, e são exatamente essas vivências, minhas experiências, minha trajetória, que me permitem agora revê-las, e assim me curar e me transformar. Quero me provocar, ser provocadora de transformações em mim e, ainda ousar, ser capaz de provocar transformação nos outros, naqueles que buscam o mesmo que busco.

Vivi momentos intensos de prazer e de sofrimento, vivi momentos de grandes conquistas e outros de perdas, vivi lutas e lutos, ou talvez ainda os vivo, cada um a seu tempo. Existem processos ainda para serem digeridos e eu me curo ao conversar com todos eles e comigo mesma. Quero aprender, quero me provocar e quero me comunicar, existe também essa demanda em mim, a de me expressar, seja pela escrita, seja pela fala, seja pelo gesto, que venha essa atitude e que me torne plena. A comunicação poderá me tirar o medo e me trazer a "mais valia" que preciso reconhecer em mim, deixar de ser o objeto da satisfação do outro e deixar de querer satisfazer as expectativas do outro.

Preciso deixar de me preocupar em construir um reino objetivo e me permitir fluir no mundo subjetivo dos sentidos, há sentimentos legítimos à minha espera e percebo estar pronta e ávida por todos eles. Partir para um mundo ainda desconhecido em mim, de emoções a serem exploradas, sem pensamentos objetivos e leituras cartesianas, um viver mais livre, de dentro pra fora, do universo de sonhos talvez até mediúnicos que se fazem sempre presentes e que precisam ser interpretados e trazidos à consciência dos sentimentos e emoções que me povoam. Preciso me esvaziar das culpas, dos dogmas que moram em mim e me muram contra o sentir, preciso me libertar de lógicas racionais e me nutrir do subjetivo, do lado mais sensível, mais profundo, aquele capaz de me dar a inteireza que desejo.

Não dá mais para viver essa dor, ou essas tantas dores que vivi, não posso mais vivê-las com a lógica objetiva que criei para me defender. Preciso reconhecer todas as minhas lutas e nelas deixar-me sentir mais do que pensar, e por meio delas, através delas, gerar em mim processos de transformação que sejam capazes de me libertar... há muito por viver e eu quero esse futuro tão próximo que vislumbro! Quero viver leoninamente este processo, viver essa cura de modo profundo e revelador, transformar-me.

Minhas estruturas foram abaladas ao longo de todo esse passado recente, ou nem tão recente assim, que vivi! Pareço ter vivido uma pandemia pessoal, como dito na leitura do mapa astral, antes mesmo dessa pandemia que todos vivemos. Foram muitas perdas e mortes, em muitos sentidos, implicaram em desafios e despedidas, e o "deixá-los ir" implicou assumir uma nova responsabilidade de, inspirada por todos eles, lutar para transformar minha vida em algo digno de transformar o que ficou. Parece que há um legado a ser criado, fazer valer a pena cada minuto! Minhas estruturas foram abaladas, mas ao mesmo tempo foram fortalecidas pela inspiração da vida de cada um em mim. Tenho que reconhecer as dificuldades que enfrentei ou que ainda tenho a enfrentar, mas com a certeza de que tenho habilidades para desenvolver e talentos a pôr à prova; está tudo dentro de mim!

Viver o luto é um tempo pessoal de cada um, e cada um tem o seu direito e o seu tempo de sentir, sentir a perda, sentir a saudade, como uma forma de honrar o amor entre nós, e tal como aprendi, o amor só cresce! É preciso compreender a vida por meio dos embates e conflitos que vivemos, minhas experiências e tantos momentos, em especial aqueles que nos tocam e nos despertam sobre aspectos tão próprios em nós, aqueles que só a nós dizem respeito, mas que são transformadores em nós.

Que venha a transformação, venha a cura, venha a inteireza, venha essa alma a ser reconhecida e explorada! Venha e que seja toda minha, que caiba toda em mim!

Não dá para se mostrar minhoca quando se é palmeira!

Muito a desvendar, um mundo dentro de mim ainda completamente desconhecido, mas na verdade aparentemente também já conhecido... Vai-se desvendando aos poucos, e cada vez se parecendo mais comigo mesma, ou, na verdade, com aquilo que buscava em mim ou sabia em mim, mas não encontrava de forma explícita, clara, desvendada, desnuda. Sabe aqueles poucos momentos em que a gente se espreita e se entende... se compreende, e até se aceita, se permite e se gosta? Se aceita porque verdadeiro e se gosta porque autêntico, tal qual aquilo o que encontra refletido no espelho. Mas, o espelho assusta, não foi meu companheiro, foi passageiro, temporário, pouco explícito, em breves momentos da alma desnuda. Embora, ao mesmo tempo, nos alerte para o "será mesmo?", com aquele friozinho na barriga que nos faz tão bem, mas não chama o medo mais profundo, velho conhecido que nos sabota a alma.

Os tais "seres divididos" não mais se suportam, irritam-se quando frente a frente, rugem um para o outro e agora se mostram seres selvagens, onde um necessariamente irá se sobrepor ao outro... e não mais será aquele de sempre, aquele já conhecido. Porque depois de tudo tão claramente exposto e traduzido como sendo o "DNA da alma", com essa leitura tão clara e aderente dessa "identidade tatuada no céu", não posso me permitir sequer pestanejar! Urge me compreender e me revelar! Urge em mim essa absoluta necessidade de identidade revelada, não mais dividida, não mais objeto, basta! Basta!

Nos fazermos inteiros é o mote presente, tornar-me um ser único e completo, não divisível, tornar-me uma só, a única e verdadeira alma que ali esteve, sempre esteve, porém encoberta. Quero a "nota de rodapé", quero desvendar as entrelinhas, quero o ser completo e também aquele pedaço que faltou em mim! Nada me falta, está tudo aqui, é só juntar os pedaços, grandes e pequenos, de fatos, acontecimentos e especialmente dos sentimentos. Hoje, meu sentimento de responsabilidade é ainda maior, porque minha sensação é que tenho que responder não só por mim, mas pelos outros... e de começo, esses outros nem mais estão aqui! Esses outros que merecem, precisam desse meu revelar nem mais estão presentes nesse mundo, mas precisam de mim para se revelarem por inteiro.

As histórias são reveladoras por si só, e quando compreendidas tornam-se transformadoras. Por que vieram sussurrar no meu ouvido coisas antes tão distantes no tempo e ainda tão presentes, repetidas no cotidiano de sensações e emoções não reveladas? Por quê? Por mim? Já seria motivo suficiente para retornarem a esse mundo e me revelarem o esquecido e enterrado dentro de mim. Mas, há mais coisas a desvendar, porque afinal não foi só comigo, não é singular e nem é individual. Há pessoas na família que tiveram suas vidas destruídas, perderam, deixaram de viver por décadas, por dezenas de décadas, envelheceram sem a chance de se conhecer, nada deixaram de si mesmas. É imperdoável! É um pecado consigo mesmo, não se permitir encontrar-se frente a frente no espelho da alma. Não dá, não pode! Tenho que agir, por mim, mas também pelos outros, aqueles meus que já se foram e pelos tantos ainda presentes desconhecidos. Que a vida finalmente possa ser sentida como um presente!

Há um valor individual a ser revalidado, reatribuído, recalculado, valho mais do que sempre acreditei valer! E o mesmo vale para todos aqueles que se foram e também para aqueles que ainda agora vivem tal como "seres divididos", querendo "parecer minhoca quando são palmeiras". Quanto do medo não está aí presente, aquele medo que nasceu do abuso, de nos sentirmos culpadas, não merecedoras, não valorizadas. A tal certeza insana me moveu muitas vezes; e, agora mais do que nunca, não há como retroceder, só há o avançar, e com velocidade. O tempo é amigo, é companheiro, me ajuda e me ajudou, não o perdi no passado, mas agora não o posso perder um minuto sequer! Ele me é caro e o é assim também para muitos outros, estejam aqui no presente ou não!

Ao concluir esse processo de escrita e de busca de respostas para aquilo que ficou pelo caminho, certa manhã acordei com um sonho muito nítido. Era a madrinha do meu filho me chamando de forma insistente, ou talvez até me ordenasse a levá-lo para a montanha, "você tem que levar seu filho para o topo da montanha!". Planejava há tempos nossa ida à praia e não para a montanha. Não resisti! Enviei uma mensagem para a astróloga, contando do sonho naquela manhã e contrapondo-o com o desejo de estar na praia, na areia fina da praia e caminhar com os pés na arrebentação das ondas do mar.

Como sempre... mais uma vez, ela me surpreendeu com a interpretação que fez. Disse-me: "Os sonhos para mim falam de coisas simbólicas, é como se você tivesse que levar você e sua parte quem sabe mais jovem, mais desejosa de descobertas, para um lugar tal qual o alto da montanha... onde a gente pode ver as coisas com uma abrangência maior, é como se você tivesse que se conduzir a si mesma, e às tuas partes que querem ficar renovadas, para essa visão mais ampla da vida de você mesma; e, assim, eu acho que é isso que significa esse seu sonho!".

Clarisse Torrens Borges Dall'Acqua

142

Aprendizados

Clarisse Torrens Borges Dall'Acqua

Aprendi quem sou

Reconheço algumas características em mim, em maior ou menor grau, aquelas que me formam, e as listei em resposta ao workshop Florescer.

A consciência do meu potencial, a soma de minhas habilidades e talentos que reconheço em mim e desde nova, e que mesmo quando me amedronta, parecendo ser maior do que é, me permite agir; mas, não sem antes errar, corrigir e persistir.

A certeza insana de se alcançar o que se busca, tal qual a cabra montanhesa, pulando entre pedras, mas sempre acreditando que a vida pode ser mais do que é; na verdade, vencer os limites e ir além, certa de que a vida pode ser maravilhosa.

A ambição faz parte de mim, e a minha maior ambição é a de ser, de crescer, de seguir adiante, caminhar, caminhar e vislumbrar o horizonte, conhecer e explorar, rompendo limites. Tal qual a "ambição boa", é ela que me move, daqui pra lá e de lá pra cá em todos os cantos e para todos os lados.

A ousadia me acompanha, me permitiu experimentar com coragem (a tal bravura que vem do coração), aquilo que avistei mesmo sem ver, e a buscar no escuro da alma aquilo que mais preciso, a inteireza da alma para deixar transparecer.

A vontade de transformar, a mim mesma e ao outro, e assim transformar o mundo, reconhecendo o que há e o que falta, e provocar oportunidades de mudanças também no coletivo.

Aprendi que tenho uma "identidade tatuada no céu": com amor (Vênus na casa 3) e com afeto (Lua em Sagitário na casa 12), me projeto, busco desenvolver, mais do que a mim, mas a todo o mundo (Plutão e Urano na casa 9), sigo adiante, caminho para frente (com Netuno na casa 11) em grupo, no coletivo, na liderança, sigo firme com o olhar no horizonte, para aprender e ensinar aprendendo a lidar com o outro (com a Cabeça de Dragão na casa 7).

Aprendi outras lições

Aprendi que muito de tudo isso é o caminho

Aprendi que o que fica pelo caminho, um dia precisa ser encontrado

Aprendi que a proteção que me faltou na infância não foi desamor

Aprendi que um grito pode ser uma cura, mais de um grito, várias curas

Aprendi que as palavras têm poder e podem virar armadilhas da mente

Aprendi que tal qual minha mãe, em defesa, me distancio da emoção

Aprendi que não o abandonei, segui meu caminho e rompi limites

Aprendi que o que não fiz não foi desamor, foi em defesa

Aprendi que existem muitas maneiras de amar e eu tenho a minha

Aprendi que a gente só dá o que tem, mas quando quer

Aprendi que o tempo é amigo, mas voa

Aprendi que caminho, dando saltos entre pedras

Aprendi que um reino objetivo não é nada sem o subjetivo

Aprendi que não preciso ser vítima, quero ser protagonista na vida

Aprendi que a impermanência é para sempre

Aprendi que a falta de controle é oportunidade de mudança

Aprendi que o amor só cresce e que a saudade é uma forma de homenagem

Aprendi que meu filho é quem me ensina a falar

Aprendi que o medo nunca foi capaz de me paralisar, e não o fará agora

Aprendi que o corpo guarda memórias mais fortes que as lembranças

Aprendi que o destino não é nada sem o caminho percorrido

Aprendi que mais importante do que o por quê é o para que serve

Aprendi que somos muitos em um só

Com esse olhar, reconto minha história

Já é primavera por aqui, inicia-se a semana do *spring break* e o dia não poderia estar mais bonito, céu azul e temperaturas bem mais agradáveis. Logo fui para a cozinha preparar nossos *waffles* com mel de todas as manhãs, cantarolando uma música, que como sempre, não sei bem a letra, mas sigo feliz e cantando.

Sinto que agora posso recontar minha história, pois transpassei as dores sofridas e ressignifiquei sentimentos e emoções do passado. Assim, me vejo virando a página, encerrando um capítulo, tirando o que não presta e com total inteireza da alma, pronta para acolher o novo, o por vir, ou aquele conjunto amplo de possibilidades não realizadas. Com esse olhar em perspectiva, reconto histórias, compreendendo os para quês dessa sequência de fatos e dores que me trouxeram até aqui.

Clarisse Torrens Borges Dall'Acqua

Tal como ela, na defesa me distancio da emoção

Mamãe foi sempre minha grande referência de força durante toda a minha vida. Tal como a dona de casa típica da classe média dos anos 60, ela nunca trabalhou fora, e ainda assim conseguiu sobreviver às crises financeiras pelas quais todos passamos. Foi fazendo blusas, casacos e cachecol em tricô, costurados na máquina Elgin durante longas madrugadas, que tivemos condições de pagar as dívidas acumuladas em certo período da vida e ainda assumir as despesas mensais que nunca cessaram.

Papai sempre foi a emoção dentro de casa, com alegria e riso fáceis, era contador de piadas e brincalhão. Mas, na hora do aperto, quando havia uma criança doente em casa, fosse a febre pela gripe ou a catapora, naquele exato momento de correr para o hospital ou ficar ao lado de um filho doente, tudo que ele dava conta de fazer era correr para a cama e dormir, dormir muito e por muitas horas. No entanto, foi ele quem sempre me acolheu na hora da birra com mamãe, fugindo do salto alto ou dos vestidos. Era sempre aos sábados, que papai me levava para a feira hippie da torre para comprar meu par de sandálias de couro cru trançado, meu sapato preferido e que não durava mais do que poucos meses.

De tão breve, só agora percebo que não falei do meu primeiro casamento aos 21 anos de idade, que naquela altura do século XX era para uma mulher o explícito movimento em busca de liberdade, ou seja, a maneira de sair da casa dos pais. Foi meu último namorado na época da faculdade e sempre seguimos um padrão repetitivo de namorar, brigar e voltar, para depois namorar e brigar e voltar a namorar e brigar. Não foi diferente após o casamento, 11 meses depois de casada me separei, vivi a típica paixão de adolescência. Ele tomou a iniciativa de se separar de mim, o que me permitiu permanecer no apartamento em que morávamos; e, assim, não voltei para a casa de meus pais. Divórcio ainda não era permitido, legalizamos apenas a chamada separação de corpos.

Embora visse nesse movimento uma chance de morar sozinha e assumir minhas próprias despesas, não foi nada fácil contar com o sonho frustrado. No entanto, foi justamente esse feito frustrado que me fez sair da casa de meus pais, viver casada para depois viver sozinha em Brasília e logo depois me levou para São Paulo. Foi para isso que serviu, toda essa sequência de eventos me empurrou para fora do que me era familiar. Corri atrás de um emprego que me desse a chance de crescer e me mudei para São Paulo.

Ao longo desses anos de mudança, recebi um diagnóstico (nunca plenamente confirmado) de Lúpus, uma doença autoimune que justificaria mais adiante as dificuldades que tive durante as várias tentativas de maternidade. E sabe pra que serviu esse diagnóstico? Para que minha mãe temesse me perder, ao ouvir dos médicos, confirmado pelo meu tio, que eu não poderia engravidar, pois isso me faria perder o bebê ou a minha própria vida.

Com três anos de casada, já em São Paulo, engravidei sem dificuldade assim que interrompi o anticoncepcional, para com apenas 29 semanas passar por uma cesariana de emergência, na tentativa de salvar minha filha. Assim que ela nasceu, mamãe e papai pegaram o primeiro avião para São Paulo, e me acompanharam muito de perto nessa minha maior dor. Ela esteve ao meu lado todos os dias, tentando me confortar a cada choro meu ou grito de desespero. Difícil saber quem estava sofrendo mais, minha mãe ou eu. Ela viveu comigo toda a frustação e sofrimento, mesmo com todos os alertas dados pelo meu tio sobre os problemas que eu enfrentaria em perseguir o projeto da maternidade. Dez anos se passaram até a minha quinta gravidez, que me deu um filho. Foi difícil perseguir o sonho, mais não desistimos, com a tal certeza insana de que eu seria mãe e meu marido se tornaria pai.

E foi ao longo dos últimos anos, entre as duas tentativas de FIV e a gravidez e o nascimento de meu filho, que mamãe passou por momentos muito dolorosos. Ela teve um cuidado extremo com papai, manteve-se sempre muito zelosa ao seu lado, porque como ela sempre dizia, "Seu pai parecia ensaiar, anos antes, ter um AVC", o que realmente veio a acontecer no ano seguinte ao nascimento do meu filho. Várias foram as situações em que papai caía no meio da rua entre o escritório e a casa, ou nas idas ao banco ou ao comércio, ou mesmo em casa, onde chegou a desmaiar em vários diferentes momentos, porque sofreu com pequenas isquemias cerebrais que eram um prenúncio do AVC. E esse de fato ocorreu e o deixou em coma por mais de sete meses, deitado em leito hospitalar, sempre tendo ao seu lado a minha mãe, sua eterna namorada. Papai faleceu em dezembro e em janeiro do ano seguinte, mamãe foi para São Paulo passar o meu aniversário e finalmente conhecer seu neto, já com um ano e meio de idade.

O temor em me ver sofrer, fez com que minha mãe receasse tanto a minha maternidade.

O amor pelo papai e sua presença inequívoca ao lado dele até o momento final, a impediram de conhecer o neto logo ao nascer. O receio em visitar Brasília e assim reviver todas as boas lembranças que tinha do papai, a privou de me visitar, para fazê-lo somente quando meu marido já estava hospitalizado. Agora era ele em coma induzido, para suportar os instantes finais e tantas dores sofridas pelo agressivo avanço do câncer.

Foi a partir desse momento, que ela me acolheu mais uma vez em plenitude, totalmente entregue a mim, para me dar todo o suporte, a coragem e o amor que eu precisava. Fez-me sentir feliz nesse exato momento de extrema dor.

Impossível esquecer o exato instante de um dos vários telefonemas para casa nesse último dia no hospital. Já estava cercada de amigos do escritório, foram eles os primeiros a chegar, e precisei ligar para casa, pedindo à mamãe que me trouxesse o terno, a gravata e o par de sapatos que vestiriam meu marido até o crematório. Com uma amiga ao meu lado e o celular na mão, fui dizendo à mamãe aonde encontrar cada uma dessas coisas, até ouvir a pergunta dela: "Mas, vai queimar tudo isso?". Respondi prontamente, "Sim, mamãe, vai queimar tudo isso". E essa amiga do escritório me olhou nos olhos e sorriu: "Agora sim, percebo a quem você puxou!".

Eu não o abandonei, segui meu caminho

Toda família tem sua história, e a nossa dificuldade financeira teve início com o pagamento de medicamentos e médicos envolvidos nos dois processos não bem sucedidos de FIV; afinal, são procedimentos ainda hoje muito caros e penosos. Como dito por meu marido, eu parecia mesmo estar turbinada pelas inúmeras injeções de hormônio que ele me aplicava na barriga, o que definitivamente ajudou na gravidez espontânea seis meses após o término dos tratamentos. Confirmei minha gravidez com 5 semanas, para a partir daí paralisar toda e qualquer atividade de trabalho, deixei de lado projetos e viagens, e fiquei da cama para a mesa e para o sofá, reservando todas as forças para encarar essa quinta tentativa já com 42 anos de idade, claramente identificada como de alto risco.

Ainda assim não deixamos de correr risco com uma cesariana prematura, com 34 semanas, quando dei à luz meu filho. Após 25 dias na UTI Neonatal, ele alcançou dois quilos e pudemos levá-lo para casa. Todos os cuidados foram tomados, houve muita insegurança desses pais de primeira viagem e por muito tempo, mas conseguimos levar com a ajuda dos meus sogros. Amamentei até os 7 meses, e pouco antes dele completar um ano, consegui terminar a tese de doutorado que também ficou paralisada aguardando minha atenção.

Concluída a tese, voltei ao mercado de trabalho, e consegui um posto temporário em um trabalho promissor, mas que logo iniciou com uma demanda de viagem por longos 14 dias ao interior do Ceará, quando meu filho tinha 1 ano e 5 meses. Imagine a minha dor ao sair de casa nessa que foi a minha primeira viagem após a maternidade. Sim, foi apenas a primeira, outras tantas viagens se sucederam e só mesmo interrompidas no ano passado, em plena pandemia.

Lembro-me de um réveillon que passamos em São Paulo, quando na virada da meia noite estávamos no terraço para avistar os fogos na Av. Paulista. Eu estava com meu filho no colo, já com mais de 3 anos, e me antecipei dizendo a ele que não se assustasse ao ouvir os fogos, e que ao contrário, se concentrasse para fazer seus pedidos para o ano que iniciava, pois com certeza eles seriam alcançados. Foi o que disse a ele, antes de ouvir seus pedidos. Ele estendeu o dedo indicador para mim e disse: "Quero que você... nunca mais viaje!"; eu não imaginei que ouviria isso.

Ao longo da gravidez e mais esse ano e meio de amamentação e retorno à universidade, para finalização e defesa da tese, somaram-se dois anos nos quais acumulamos dívidas iniciadas com os tratamentos, que na verdade só foram totalmente pagas ao assumir novo posto de trabalho já em Brasília. Retornei à cidade natal com um filho no colo, fazendo com que meu marido rompesse completamente com sua zona de conforto, deixando de estar no centro da casa dos pais e longe de seus irmãos e amigos. Ele atendeu ao meu chamado, me seguiu no caminho por mim escolhido, me acompanhou ao apanhar o próximo bonde a passar; tendo também percebido todo o processo inicial de mudança em mim com o reencontro com as Santas.

Houve uma festa promovida por um dos nossos amigos em um clube à beira do lago, e o melhor, um salão de dança com música ao vivo. Fomos eleitos o casal mais charmoso da festa e, claro, um dos últimos a deixar o salão, só mesmo após a última música, o último bolero.

Segui meu caminho, dando saltos entre pedras, deixando de ser esposa e amante, para ser mãe e profissional, dando lugar à tal desconexão física. Bom lembrar, que isso iniciou ainda durante a gravidez, essa desconexão física forçada, dado que pouco antes de completar a 12ª semana, tive uma hemorragia. Revendo hoje todas as histórias e com esse olhar em perspectiva, compreendo os para quês dessa sequência de fatos e dores que me trouxeram até aqui, me serviram, cada um deles, para o próximo passo do caminho.

Não foi desamor, nunca faltou amor, troca e cumplicidade entre nós, nem mesmo depois da partida. Ele, meu grande amor, foi sempre o primeiro a me apoiar a seguir o caminho e ir adiante, feliz em me ver romper limites.

Meu filho me ensina a falar

Meu filho aprendeu a falar muito cedo e sempre seguiu muito falante e bem humorado, faz amizades com facilidade, mas é também bastante inquieto e curioso. Parece que ele tem na comunicação a sua maior força e, assim, na verdade, percebo que é ele que me ensina a falar, e a seguir falando todos os dias. Na pandemia? Piorou muito, insistiu nesse ensinamento 24x7 ao longo de todos esses mais de 365 dias de isolamento social, ininterruptamente.

Fez-me lembrar de uma das muitas histórias de nosso filho ainda pequeno, que escrevíamos juntos, meu marido e eu, sobre fatos curiosos da infância dele. Dessa vez, eu estava em viagem de trabalho, quando meu marido me liga para me contar o dia dele com o filho, já com 4 anos, "uma tarde deliciosa!". Depois da ginástica no clube, foram para a cafeteria e lá ficaram sentados um de frente para o outro, por mais de duas horas. E ele falou, falou, contou histórias e mais histórias e, por várias vezes, disse ao pai: "Papai, posso conversar com você?"

E, ainda hoje, aos 14 anos, ele faz a mesma pergunta, "Mamãe, posso conversar com você?". Desde que iniciamos o trabalho remoto e a escola on-line, diariamente nos sentamos frente a frente dividindo uma mesma mesa no nosso escritório virtual. E nossas conversas passam por todas as áreas do saber... a volta dos mamutes, os fósseis vivos, a ideia de remodelar sistemas de governo no Brasil e no mundo, a vontade de habitar Marte e Vênus, a intenção de construir e viver em uma comunidade, com base em suas ideias de liberdades individuais, igualdade econômica e riqueza compartilhada, o direito de propriedade comum da terra, o sequenciamento genético, o vórtex temporal... e assim segue, incansavelmente.

Sigo aprendendo! E ele segue me ensinando! Adoro!

Sigo filha do Tempo e sinto que ele agiu fortemente em mim. O orixá Tempo, também chamado Irokô me representa nesse momento, especialmente ao expressar com absoluta clareza aonde me encontro.

*"Irokô representa o tempo e rege a ancestralidade,
é o orixá quem direciona o início e o fim de um ciclo.
O tempo que esperneia e urge, o tempo sagaz de
acolher o novo, desfazer-se do que já não tem
serventia ou valia. E o tempo precioso de saber
discernir entre um e outro!"*

Sim, encerro um ciclo e dou início a um novo! Que venha! Indiscutivelmente! Outras mensagens me foram dadas, e uma delas fiz questão de registrar em um pedaço de papel que agora reencontro.

*"Mudanças catapultam você para fora
do que é familiar, e você tem que revisar
prioridades e reconsiderar seus objetivos"*

Não sem antes também virar um mantra: Catapulte-me! Catapulte-me já!

Há novos propósitos de vida reconhecidos que merecem ser explorados!

Clarisse Torrens Borges Dall'Acqua

Sobre a autora

Clarisse é brasiliense de nascimento, paulistana por amor, e moradora de qualquer lugar do mundo onde possa ser feliz.

Por mais de 50 anos mirou o horizonte e seguiu seu caminho. Construiu um reino objetivo, dando saltos entre pedras sobre o abismo. Mas faltou-lhe a cura e a libertação, que acabou chegando através da escrita. Revisitar o passado lhe pareceu ser o caminho natural onde, através de uma narrativa densa e traços de muita leveza, pudesse desconstruir e ressignificar suas dores ancestrais, suas culpas, suas perdas, suas alegrias e seus desafios.

Clarisse é arquiteta e doutora em Geografia Humana. Atua no desenvolvimento de projetos relacionados à sustentabilidade ambiental e inclusão social. Reconhecer desafios e oportunidades, por meio do trabalho analítico e de planejamento sempre foi parte de seu trabalho e, talvez por isso, essa habilidade de acessar o leitor com seus aprendizados seja tão visível em sua escrita.

Viúva, mãe de um filho adolescente, gosta de dançar e cantar, e hoje mora em uma cidade onde consegue fazer uma das coisas que mais gosta na vida. Caminhar! E ela segue seu caminho.

"Olhar de Clarisse"

É uma plataforma de comunicação que possibilita um ambiente de escuta, diálogos e aprendizados, com a divulgação de políticas sociais – de governo e sociedade civil, no Brasil e no mundo – que atendam ao chamado para o enfrentamento da violência sexual contra pessoas de todos os gêneros, em especial, crianças e adolescentes.

Posso conversar com você?

Visite nosso site *olhardeclarisse.com* e nos acompanhe nas redes sociais. Ou envie sua mensagem para *clarisse@olhardeclarisse.com*

A Casa do Escritor presta Consultoria e Serviços e auxilia escritores no processo de produção, publicação e lançamento de seus livros. Saiba mais em *casadoescritor.com*

CASA DO
ESCRITOR